介護とブックトーク Part 2

グループによる
介護のブックトークと
資料編

梓 加依
吉岡真由美

素人社《そじんしゃ》

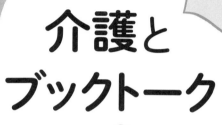

絵本は
芸術と言語《ことば》の美しい世界を
届けてくれる。
そして、心を揺すり、
癒してくれる。

はじめに

梓 加依

急速な高齢化社会になっている日本。出生率は低く、平均寿命はまだまだ延びています。人口が減少する中で、私たち高齢者も社会を支える期間が長くなると思います。これからの課題は、いかに健康寿命を伸ばすかです。元気に年を重ねたいものです。でも、思いはあっても、どうしても老化は免れませんね。記憶や判断力や体の瞬発力は衰えてくるのは仕方ないかもしれません。体力だけではなく、知的な部分も低下してきます。根気も無くなります。

私自身を見てみると、最近はその通りになっています。長年、学生たちと関わり、講義をし、若いお母さんたちと子育て支援の社会活動をしてきました。その専門は図書館学、文学といった分野で執筆をするということもしています。ほかの人よりは読書や文字に関わることの多かった日々だと思います。それにもかかわらず、七十歳を超えた今、小さな文字を読むことが面倒になりました。ましてや研究書のような横書きの細かい文字のものは、分厚いものだと目の前に置いてヤレヤレといった感じです。長編のものを読むと、目もしょぼしょぼとし、ひどく疲れるようになりました。老眼と白内障のせいでもありますが、体力的にも衰えてきているのです。大好きだった読書からだんだん遠ざかっていくのがわかります。

ましてや施設に入っておられる高齢者は、本に出会い楽しむ機会からもっと遠くなっているのではないかと思ったのです。読書が好きだった方もおられるはずです。そうした高齢者に本を届けることができないだろうかと日頃から思っていました。

もちろん、すでに絵本を高齢者施設で読んでいるというボランティアの方たちがおられます。けれども読んでもらうだけではなく、自分で好きな本を選んで読むことを楽しんでもらえたらと考えました。

そんな時に、姫路市に新しく開校した「ハーベスト医療福祉専門学校」から、「高齢者の心の癒やしと知的な文化的なものを介護の授業に取り入れたいので読書に関わることを」という依頼がありました。

そこで、「介護のブックトーク」という科目が置かれることになりました。私は初めての試みとして、ブックトークを介護現場で活かせないかと授業を始めました。

「ブックトーク」というのは本の魅力を語って、興味を持ってもらう本の紹介の方法です。一冊だけを紹介するのではなく、テーマを決めて数冊の本を紹介します。本に対しての知識も本を紹介する技術もかなり必要な方法です。すぐに簡単にできる方法ではありませんが、介護福祉士の資格を取ろうとしている学生たちに、介護現場における読書の提供ということで、「介護のブックトーク」を学んでもらうことにしました。実習としてたくさんの本を持って介護施設を訪問しました。高齢者のためのリハビリや体力的な機能訓練の活動は多いのですが、知的な部分の活動は少ないからです。

その活動が介護施設の高齢者の方にとても好評だったので、もっとたくさんの人に、この活動を広げてほしいと願って七年目に学生たちの活動を本にして出版しました。前に出版した一冊目の『介護とブックトーク——介護現場に絵本を届けよう』です。

おかげさまで、この一冊目に皆さんが興味を持ってくださって、あちらこちらから問い合わせがありました。思いがけない反響に、私と一緒にこの活動に取り組んでくれている共同執筆者の吉岡さんもびっくりすると同時に、とてもうれしく思っています。

特に図書館からの講座依頼や質問などが多くありました。高齢者施設への図書館サービスの一つとして取り入れたいとか、ボランティアグループ作りをしたいとか、もっと資料を教えてほしい、訪問する時の注意点などを教えてほしいといったことでした。

東京や横浜など関東の図書館からの依頼が多く、高齢者のための図書館サービスを進めようという活動が広がっていることがわかりました。

たとえば横浜市の鶴見図書館では高齢者サービスのフォーラムも開かれ、高齢者施設への訪問ボランティアの養成などに力を注ぎたいという図書館活動が話し合われていました。ただ、指導に当たる人が少なく、資料についてもまだまだ研究されていない状態だということで、遠く離れた関西の私のところまで基調講演の依頼がありました。

私たちが「介護現場へ絵本を届けよう」という活動の中で、絵本をどのように準備するかが、大きな課題だっただけに、図書館がボランティアを養成してくださるということは願ってもないことです。高齢者への図書館のサービスを広げていこうとされていることにとてもうれしく思っています。

東村山市の図書館や横浜市立瀬谷図書館からも、高齢者のボランティア養成のための講座の講師として来てほしいという依頼もあり、若い吉岡さんに行っていただきましたが、なかなかすべてのところに伺うことができませんでした。

そこで、『介護とブックトークＰａｒｔ２――グループによる介護のブックトークと資料編』として、皆さんからの質問にあったことに対応して、できるだけお役に立てるように、再び本を出版することにしました。実際にしているところを見ていただくことが一番わかりやすいのですが、できるだけ実践的な活動に利用できるような書き方でお伝えするようにしました。

たとえば、高齢の方に喜んでいただける絵本の選び方と本のリストを、すぐに利用していただけるように項目ごとにたくさん載せました。次に、ブックトークのプログラムの作り方や注意点、グループで高齢者施設を訪問する場合に必要なことをまとめました。

「絵本」については一冊目の『介護とブックトーク――介護現場に絵本を届けよう』で詳しく述べています。また、学生たちの活動の様子なども載せていますので、この本と合わせて読んでいただいて、皆様の活動に役立てていただければ何よりです。

多くの皆さんに、高齢の方に絵本を通して心豊かな時間を届けていただきたいと願っています。そして高齢の方と共に、届けてくださっている皆さんも、絵本の魅力と楽しさを感じていただけたらと思います。

今回は、ボランティアをされる皆様の役に立てればという思いから、資料編を多くしましたので、ページ数が多くなりました。いつも出版してくださる素人社の楠本さんには、無理を聞いていただいてありがとうございました。

そして、編集に携わってくださる皆様にも、お世話になりました。ありがとうございました。

目次

第二章 介護のブックトーク実践例……吉岡真由美 34

第一章　高齢者と介護のブックトーク

一　高齢者と一緒に楽しむ絵本

高齢になって目が不自由になり、体力も忍耐力も衰えてくると、一般書のように長い小説や細かい文字の本はとても読むのがおっくうになります。施設を訪問するようになってから、それを目の前に突きつけられた私でした。

そして七十歳を越えて、後期高齢者と呼ばれるようになった自分もそれを知るようになっているのです。

それでも本を楽しんでいただきたい、少しでも心豊かな時間を過ごしてもらえないかと考えたのです。昔は読書が好きだった方たちもおられるはずです。

一般書を持っていった時には、ブックトークを聞いている時間でさえ苦痛そうな方もありました。そのことから絵本を持っていくのはどうだろうかと介護医療福祉学科の学生たちと絵本を紹介するブックトークのプログラムを作りました。

けれども、絵本であっても全体でブックトークする時は聞いて楽しんでくださるのですが、それを置いて帰っても自分で手に取る方は少ないようでした。そこで、全体でのブックトークが終わってから、いくつかの小さなグループに分かれて一緒に絵本を読む時間をとることにしました。すると色々なお話をしてくださりながら、みなさんで楽しんでくださるようになっていったのです。認知症の方でも、昔のことを思い出して絵本を楽しんでくださっています。

学生たちも、全体の時には得られなかった一人ひとりの方との絵本の時間を楽しむようになりました。

こんな経験から高齢になってからの絵本の楽しみ方を、絵本の特徴と合わせて少し述べてみたいと思います。高齢者の方に喜んでいただける絵本を選ぶ時の注意点ということにもつながります。

①まず一つ目には、高齢になると体力や気力が長時間は持続できないということです。

ですから絵本のように短い時間内でお話が完結するという点がピッタリなのです。短い時間で読める絵本でさえもしんどいという方もあります。その方たちのためには、「読む」ことよりは絵本を見ながら一緒にお話をするという形で楽しんでいただきます。

特に認知症になっておられる方には、この方法がとても効果的です。

②目が悪くなって文字を読むのが不自由という方が多くなります。絵本はこの点についても、絵が内容を伝えてくれますから、文字をたくさん読まなくても楽しめるということです。絵を見るだけでも楽しんでくださっています。

絵本の特徴のところでも述べましたが、絵本でも文字がとても多くて一般の読み物ぐらいもある絵本は好まれないのです。文字が多い絵本は文字も小さく詰め込んでありますから、高齢者には向きません。もちろん、高齢者の方でもお元気で、機能が低下しておられない方の場合は別ですが。

少し長いお話の絵本は全部読むのではなく、あらすじを話して楽しんでいただいてください。

③高齢者の方の昔の経験や日常生活に関する絵本は、自ら積極的に読んでくださって興味を持っていただけます。これは、昔のことを思い出すことによる「回想法」、「回帰療法」とも呼ばれていて、脳を活性化させることが証明されています。絵本には絵があることで、より鮮明に思い出すことができるのです。

また読むだけではなくお話をしていただくことで、より一層効果があると言われています。何よりも、とても楽しそうにされていて、思い出で心が癒されることが一番の効果です。認知症の方で、まったく反応されなかった方が、こんな絵本には驚くほど興味を示されて、話をしてくださるようになった様子を見ると、本当に、その効果があることがよくわかります。

④それから季節感のある絵本を楽しんでいただきましょう。その季節の生き物や植物、行事などの絵本で、その時の季節を五感で味わっていただけるような絵本を用意します。できたら、実際に絵本に出てくる季節感のあるものを用意して、絵本と同時に、触ったり香りをかいだりすることができたら、よけいに楽しいと思います。

⑤昔のお話の絵本をということを述べましたが、新しい情報も必要です。新しいこと

をするとまた別の意味での脳の機能が活性化するといわれています。

最近、流行していることや新しいタイプの絵本も届けてください。新しい科学の絵本など、昔にはまだわからなかったことの情報なども楽しんでいただいてください。科学の絵本は興味を持っていただけるように上手にブックトークしてください。その後でゆっくりと手元で見ていただくようにしましょう。

科学の絵本には、写真絵本がたくさんあります。目で楽しんでいただける絵本も多いのでおすすめです。

⑥飛び出す絵本や形が変わる絵本なども、子どもだけではなく、高齢者の方にも面白いと思っていただけると思います。時々は、そんな絵本で、語り手も一緒に楽しんでみてください。

具体的な絵本については、第二章の資料のところでたくさん紹介させていただきます。

二　グループで行う介護現場でのブックトークの方法

ブックトークは、テーマを決めて、数冊の本の特徴や魅力を語って、読みたいと思っていただくような紹介の方法なのですが、本来は一人で行うものです。

一人でブックトークを行うというのは、よほど勉強をして資料についての専門性やそれを伝える技術を持っていなくてはできません。ブックトークが「誰でもできることではなく、専門の人が行うものである」といわれていることからわかります。

そこで、練習をすればもう少し気軽にしていただける方法として、グループで行うブックトークを考えました。　医療福祉専門学校の学生たちに実習として行ってもらっている方法です。介護現場で行うブックトークは本来のブックトークの応用編ということで、本を紹介して読んでいただくことだけではなく、ブックトークをしている時にも参加して楽しんでいただくために、色々な工夫をしています。三〜五人ぐらいのグループで行います。

一人でする場合は、プログラムやその人の語りがよほど上手でないと、聞くのに疲れてきて高齢の方たちは飽きてしまわれます。そのぐらい集中力が衰えているのです。

グループの場合は、それぞれの部分で対応する人が変わりますので、その人にも興味を持ってくださるらしく、飽きずに最後まで付き合ってくださいます。

そのことの経験から、ボランティアの人たちが訪問する時は、三～五人のグループで行くことをおすすめします。プログラムもその人数に応じて作成します。もちろん、「私は一人でブックトークします」という方は、ぜひ挑戦していただきたいと思います。

ここでは「グループで行う介護のためのブックトーク」についてお話したいと思います。

1　ブックトークのプログラム作成の手順

①施設との打ち合わせ
プログラムを作成するためには、訪問する施設の様子と要望などを知らなければなりません。
＊打ち合わせする内容
・訪問日時
・ブックトークの時間
・内容の希望など

・ブックトークを聞いていただく方たちの状況（年齢・男女の比率・人数・介護度の状態・注意点など）
・部屋の状況（広さ、広間か独立した部屋か、など）
・お借りできるものの確認（例：ホワイトボード・机・椅子・テープレコーダー・マイク・必要ならピアノなど、施設にあるものを確認する）

このように最初に打ち合わせをしてから、ブックトークの準備に入ります。ブックトークのプログラムや計画が決まったら、施設の方へ、その計画表を届けて内容をお伝えしておきます。その時に施設のほうで用意していただくものもお願いしておきます。たとえば、机、いす、ホワイトボード、そのほか必要なもの。それから、聞いていただく方たちの席の並べ方も図で示したものをお渡ししておくと、当日にバタバタしなくて済みます。席の図は、初めに行う集団でのブックトークの時と、あとでグループに分かれる時の二つの場合を示しておきましょう。グループ分けは、訪問するボランティアの人数によります。

②プログラムを作成する。

施設との打ち合わせの内容に合わせてプログラムを作ります。
・テーマを決める。
・ブックトークの時間
全体で行う時間、小グループに分かれて行う絵本タイムを決めます。

全体で行うブックトークは30分ぐらい、小グループでは30分ぐらい。このように決めていても、介護現場では聞いていただいている方たちの様子を見ながら行いましょう。疲れておられるようなら、時間を短縮することも重要なことです。
・絵本をテーマに沿って集める。
実際に行うブックトークより二～三倍の本を集めましょう。

集めた本の中から、ブックトークをする本と、あとからの小グループで読む本を決めます。小グループでは担当者は三～五冊の本を用意しておきましょう。

2　ブックトークの流れ（順序）を決める

大体は次のような順番で行います。
①導入（短い内容で、この時のテーマを表しているもの）

②物語、少しストーリーのあるものなど
③前の物語に関連付けた本
④クイズなどで、少し遊んでいただく本・手遊びなど（参加型）
⑤短いストーリーのもの（この頃になると少し疲れてこられるので長い物語などは避ける）
⑥音楽（一緒に歌う。必ず、**大きく掲示する歌詞**を用意する。選曲もテーマに添ったものを用意する）

3　ブックトークに要する時間の配分と技術

ブックトークの流れが決まると、その本を、どのように紹介するかを検討します。全部読むものや一部を読むもの、あらすじを話すもの、簡単に紹介するものなど、時間を測りながら紹介の仕方を決めます。

①導入に使う……当日のテーマについて絵本を使いながら語る。
②簡単に紹介する。
③あらすじを話して紹介する……長い物語など

④全部読む（読み語り）……5分以内で読めるもの
⑤参加型にする絵本……クイズなどを入れて
⑥一緒に楽しみながら紹介する……写真集、画集など
＊ブックトークに必要な技術
・絵本の読み語り
・朗読
・語り（本を見ないで内容やあらすじを語る）
・紙芝居や、エプロンシアターのような技術
・歌、楽器演奏
・ゲーム、手遊びなど
このように、ブックトークを行うには、紹介するために様々な技術が必要になります。日頃からこれらの技術もしっかりと練習しておきましょう。特に「語り」や「朗読」、「読み語り」は基礎になる重要な技術です。

注意すること
絵本の内容についてです。高齢の方に特別な反応が出ることが予測できる内容には

気をつけましょう。

たとえば、戦争、自然災害などのつらい体験を思い出させるもの、また、お酒、たばこなどの依存的なものを持っておられる方がいる場合などがありますので、これらの内容のものを安易に手渡さないように注意する必要があります。

4　担当者の決定と練習・準備

プログラムが決まると、担当者を決めます。担当者の特技や声の質などを考えて、バランスよく決めます。

たとえば、静かな声の人が続くと、高齢の方は寝てしまわれることもあります。本の内容と、担当者の特徴を考えて、メリハリをつけて担当を決めます。
①所要時間を必ず測る。
②紹介する本のつながりを見る（前の本と関連付けて、次の本に移る）。
③本以外の準備する物を確認する。
テーマによっては、実際に触っていただくものや、見ていただくものなどを用意する場合があります。

たとえば季節の果物や野菜、植物などです。できるだけ絵本のバーチャルな世界と五感を使った現実的なものを組み合わせて、季節を感じていただくことを大切にします。

このほかにも、昔の道具や遊びに使うものなどを用意することもあります。折り紙などで簡単な作業をしていただく場合もあります。体験していただくのも機能の回復や回想法につながるものです。

注意すること

本を楽しんでいただくのが本来の目的ですので、これらの遊びや作業のほうに時間をとってしまって、そこに重点を置かないようにしなくてはなりません。遊びなどをする場合は、ブックトークとは別の機会に、レクリエーションとして独立させた活動にするほうがよいでしょう。

5　ボランティアの人員の確保

ボランティアの人数ですが、集団の前ではブックトークは二～三人でしますが、そのほかにグループに分かれた時の担当者として、できるだけ多いほうがよい場合があります。特に認知症の方がおられる時は、一対一でする必要があります。施設との打ち合わせで、参加者の人数や認知症の方の様子などを聞いておいて、一人がグループで担当する人数は三~四人ぐらいとして計算してみてください。

6 介護施設訪問

いよいよ施設訪問です。施設の入り口でまずは施設の職員の方との挨拶です。施設の方の案内でブックトークをする部屋に案内されます。その間にも施設を利用されている方たちと出会いますので、明るく挨拶をしてください。

①簡単な準備前の挨拶

部屋に入ると、すでに座って待ってくださっている場合があります。その場合は、まず全員で並んで、自分たちが誰なのかを代表の人が説明をして簡単に挨拶をします。それから準備の間しばらく待っていただくようにお願いしてから準備に入ります。この挨拶はとても大切です。そうでないと、誰だかわからない人たちが入ってきて突然何かをしだすのでは、待ってくださっている方に失礼になります。

※この時にできるならば、代表の方だけが、準備が終わるまで待ってくださっている方たちと、今回のブックトークの話や、世間話のようなことをしていただいていると、なおいい雰囲気になるかなと思います。

②準備

職員の方たちに、もう一度、その日のプログラムを説明しておきます。現場の職員の方たちが、事務所の方から聞いておられない場合もあります。

全体の席の並べ方や、グループ分けをする時の移動なども、伝えておきましょう。施設の方にお願いしていたものを確認して準備をします。部屋に合わせて机の位置や使うものを並べていきます。

それが済むと、聞いてくださる方たちがよく見える位置に移動していただきます。これは時間が少しかかってもきちんと動いていただくことが大事です。そのためにも、座っていただく位置の図を先にお渡ししておいて、職員の方たちに手伝っていただきます。

勝手にボランティアの人が高齢の方の車いすなどを動かさないことです。その方には、それぞれにしてはいけないことがあったりします。

また、知らない人に何かをされると、嫌がられる方もおられます。

必ず職員の方たちと、よくコミュニケーションをとりながら行いましょう。
※耳の不自由な方や目が見えにくい方などは、前のほうに来ていただくようにします。

③正式な挨拶

準備が済んで、聞いていただく方たちも自分の位置が決まったところで、今度は改めてきちんとした挨拶をします。この時は、一人ひとりのボランティアの名前を紹介しましょう。できたら胸に大きめの名前のプレートを付けるようにするとよいと思います。名前を覚えてくださる方もあるので、聞いていただく方とのコミュニケーションがとりやすくなります。

④ブックトークの始まりです。
※絵本は「しっかりと見えるか」、声は「聞こえるか」に配慮します。遠くの方や、

横の方には、「見えますか？」「声が届いていますか？」と聞いて確認します。このことは、ブックトークを行っている途中でも、配慮をするようにします。

※ブックトークを行っている間は、担当者以外は適当に参加者の中に入って寄り添ってあげてください。この時に、近くの方がまるで関係のないことを話しかけてこられることがあります。その場合は、その話に集中しないようにして、できるだけ、その方を前でしているブックトークに関心を持っていただいて、一緒に楽しんでくださるように話を持っていってください。このことは、本当に難しいことで、初めて行った学生も悩むところです。

※あまり関心がなさそうにしておられる方には、横についてあげてください。少し話しかけるようにして楽しんでいただけるようにサポートをします。

※前でブックトークをする人は、全体の様子を見ながら、よく話す方ばかりに対応しないように注意します。できるだけ個人には対応しないようにして、全体に語りかけるように気配りをします。

※全体を見て、疲れてきておられないかということに配慮しながら進めていきます。多くの方が疲れてきておられるか、また、楽しんでおられないようなら、時間を短くすることも大事なことです。これはプログラムが高齢の方たちに合っていな

かったのか、担当者の語りや読み方がよくなかったのか、のちの反省点にもなります。

⑤グループで絵本を楽しむ。

全体のブックトークが終わると、次は小さなグループで絵本を楽しんでいただきます。小さなグループに分かれることを皆さんにお伝えして、席の移動をお願いします。この時も、施設の職員の方たちへ協力をお願いして車いすなどの移動を行います。

※移動する時には、担当者が集まっていただく場所に待っているようにします。この時に担当者はうろうろしないことです。集まっていただく場所に、きちんと立って、手をあげて皆さんに来ていただきましょう。

※認知症の進んでおられる方には、一対一の対応が必要ですので、そのことも考えて担当を決めておきます。

小さなグループで楽しんでいただいている間は、代表の人が全体を見ていて、決まった時間の5分ぐらい前に、もうすぐ終わることを伝えます。

⑥終わりの挨拶と片づけ

時間が来たら、全員で前に並んでブックトークの終わりの挨拶をします。この時は、参加されている方は小グループのまま少し前を向いていていただくといいでしょう。わざわざ座っておられる位置を変えていただかなくてもよいと思います。聞いていただいたお礼を言って、疲れておられないかどうか確認します。これでブックトークはおしまいです。片づけをします。

※後からも興味のある本を手に取って読んでいただくために、紹介した本を、施設に次回の訪問まで預けておくのが理想ですが、図書館の本を使う場合は、貸し出しをどのようにするのか、施設の希望を聞き、図書館と相談します。

本を破損したり汚したりする場合がありますので、施設のほうで気を使って貸し出しを希望されない場合もあります。また、継続して訪問しない一回だけの訪問の場合は、お貸しするのか、取りに行く時にどうするのかなど、相談してください。

7　反省会

お疲れ様でした。高齢の方たちと一緒に楽しんでいただけたでしょうか？　やっぱり、自分たちが楽しんでいないと、相手の方たちも十分楽しめませんね。ブックトークは上手なほうがいいのですけれど、それ以上に絵本を間にしてその時間を楽しんでいただくことが一番です。

失敗することもありますが、それを次の工夫に役立て向上していきましょう。何度経験を積んでも相手も変わりますし、その時によって環境も違ったりしますから、百点満点の結果はなかなか得られないかもしれません。

それでも絵本の持つ力はとても大きく魅力的です。高齢の方たちへその魅力を運ぶということは、とても大きな実りのあるものだと思います。

もし、定期的に訪問することができたら、聞いてくださる方たちとも良い人間関係ができて、ブックトークももっとよい形になることかと思います。施設に入っておられる高齢の方たちにとって、実は、絵本を運ぶ皆さんも大切な魅力的な存在なのです。ブックトークは「本と人」をつなぎますが、「人と人」もつなぎます。絵本と、届けている皆さんとの出会いを待ってくださっているはずです。

8　記録する

反省会をして、「よかったところ」「悪かったところ」をきちんと記録として残しましょう。反省するだけではなく、次に活かしていくことが大切なのです。ですからメモ程度ではなく保存する形で内容も少し詳しく書き残しておくと、あとからの参考資料になります。

ブックトークのプログラムを書いたものも残しておきましょう。ここによかった点、失敗した点を、それぞれのところに書き込んでおくと、どの場面がよかったのか悪かったのかがすぐわかります。同じ失敗を重ねないで済みます。

ひと休みしたら、次のブックトークのために、また、たくさんの絵本を読んでください。そして、新しい情報も集めて施設の皆さんへ絵本を届けてあげていただきたいと思います。

（執筆　梓　加依）

第二章　介護のブックトーク実践例

この章では介護のブックトークの実践例をたくさんご紹介します。ブックトークは本を知り、たくさんの本の中からテーマに沿った本を数冊に選書していくという非常に時間を要する作業が必要です。初めはこの実践例を参考にして介護のブックトークに挑戦してみてください。テーマ、目標（聞き手とどのような時間をつくるか）、プログラム、活動の順序でまとめました。

プログラムは、テーマへの興味とイメージを作ってもらうための導入と、展開に分け、数字で紹介順を組み立てています。各本には、紹介の仕方や工夫する点、実践の聞き手の様子などを記しました。

★印はつなぎ方の参考にしてください。書誌情報の次の、〈　〉内は届け方の例を記しました。

〈あらすじ紹介〉は、物語の要点・魅力を届けます。

〈内容紹介〉は、テーマに関する場面を紹介します。

〈本の特徴紹介〉は、作者や画家についての情報や本の背景、特徴、本に関するエピソードなどを紹介します。

〈一部読み語り〉は、物語の一部をそのままの文章で届けます。

〈一部紹介〉は、テーマに沿った一部分を選んで紹介します。

〈内容比べ〉は、同じ題名の絵本の、内容の相違を届けます。

活動は、聞き手に参加してもらう活動です。クイズや短時間の歌などの小さな活動は、プログラム中に行うものもありますが、フルコーラスの歌や大きな活動は、プログラムの終わりに行うことをおすすめします。途中で実施する活動を終了した時にプログラム自体が終了したような雰囲気になってしまうことが多々ありますので工夫を要します。必ずこの方法でしなければならないということではありませんので、本の魅力を引き出し、流れの組み立てを吟味し、自分なりの届け方を工夫していただければ幸いです。

一 四季

1 春

実践例1

＊テーマ「春の訪れ」

＊目標　冬の終わりから春にかけて春の訪れを楽しめるよう、春を感じるエッセンスを届けます。

＊プログラム

◎導入

寒い冬から春への移り変わりを、日の出や日の入り、気温の変化などの自然現象の変化を伝えます。

◎展開

①『はるっていいな』（長野博一：作　ひかりのくに）

〈あらすじ紹介〉

動物たちが自慢の春を言い合います。次々に出てくる春を感じながら、物語の展開を楽しみ春のイメージを膨らませます。

★そのほかに春を感じるものは何でしょう

②『花さき山』（滝平二郎：絵　斎藤隆介：文　岩崎書店）

〈物語紹介　一部読み語り〉

春の山菜や料理が出てくる箇所を紹介したり、優しいことをすると咲く花の物語を一部読み語りによって届けます。

花さき山の手話ソングもあります。

★春の花の代表といえば桜

③『桜守のはなし』（佐野藤右衛門：作　講談社）

〈内容一部紹介〉

冬から春に向けての桜の一部の内容を紹介したり、桜がつぼみを膨らませる時を「笑いかけ」といい桜守が最も好きな瞬間であることや、桜の花が下を向いて咲くことを紹介します。また、聞き手に桜に関する思い出話などを語っていただきます。

★桜の名所はどこですか

④『春を彩る桜の名所』（昭文社編集部：編　昭文社）

〈一部紹介〉

本で紹介される桜の名所を届けながら、今までに行かれた桜の名所を尋ね思い出話を伺う。

★花を扱う昔話といえば……

⑤『花咲爺』（鰐崎英朋：絵　千葉幹夫：文　講談社）

〈あらすじ紹介〉

昔懐かしい花咲爺の話を思いだしてもらいます。歌詞カードを用意し童謡を歌いながら、あらすじを思い出してもらってもよいでしょう。

★現代版のちょっと違う花咲爺

⑥『となりの花さかじじい』（馬場のぼる：作　こぐま社）

〈あらすじ紹介と一部読み語り〉

意地悪爺さんと婆さんから見た世界が展開されるのでちょっと変わった視点から楽しめる一冊です。面白いやり取りの部分を読み語ります。

◎活動
●童謡・唱歌「はるがきた」を手話付きで歌う。
●「四季の歌」の春を手話付きで歌う。

実践例2

＊テーマ「春」
＊目標　身近にある春を感じてもらいましょう。身近な春の訪れや、懐かしい春の思い出を語ってもらいます。
＊プログラム
◎導入
①『春はあけぼの　祇園精舎の鐘の声』（小田桐昭：絵　齋藤孝：編　草思社）
音読プリントを用意し、文章の意味や清少納言について、または時代背景などを紹介し、「春はあけぼの」を皆で音読する

◎展開

②『はなのさくえほん』（いしかわこうじ：作　童心社）

〈クイズ〉

茎が伸び花が咲く仕掛け絵本を使って、花以外の部分を見せ何の花が咲くかを当てるクイズを出します。日常でなじみのある花が出てくるので、花にまつわる話にも展開しやすいです。

★花以外の春を感じるもの

③四季の絵本『はるですよ』（広野多珂子：絵　柴田晋吾：文　金の星社）

〈一部読み語りと内容紹介〉

なじみ深い場所に色々な春が登場します。絵の中で一緒に春を見つけながら届けます。

★春を代表する日本の花である桜と育てる人の話

④『じいじのさくら山』（松成真理子：作　白泉社）

〈あらすじ紹介と一部読み語り〉

桜を育てるじいじと孫の関わりが描かれた絵本です。じいじが桜と対話するシーンなどは読み語り、じっくり物語を味わってもらいましょう。満開の桜が開花するシーンは絵をじっくり見てもらい絵からのメッセージを感じてもらいます。
★懐かしい桜に関するフレーズ
⑤『尋常小学国語読本　巻一』（文部省　大正六年）
⑥『尋常科用小学国語読本　巻一』（文部省　昭和初期世代＝四期）
〈内容比べ〉

尋常小学校の教科書の復刻版です。年代によって使用された本が異なるので、「どちらで勉強されましたか？」と尋ねると答えが返ってきます。「ハナ　ハト　マメ　マス……」「サイタ　サイタ　サクラガ　サイタ」の冒頭を音読すると続きを暗唱されます。
◎活動
●春の歌を歌う（「さくら　さくら」「花」「春の小川」「どこかで春が」など）。
音源を入れたり、楽器を手渡し演奏してもらうのも楽しいです。

実践例３

＊テーマ「さくら」

＊目標　日本の春を彩る花の代表である桜を、思い出と共に満喫していただきます。お花見行事の前にさくらのイメージを膨らませていただく動機づけを行います。

＊プログラム

◎導入

春を感じる花を質問したり、介護ブックトーク実施日前後の桜の開花情報の提供を行います。

◎展開

①『さくら』（矢間芳子：絵　長谷川摂子：文　福音館書店）

〈あらすじ紹介〉

桜にも色々な種類がありますが、なじみのあるソメイヨシノの一生についての物語を紹介します。

★春の花の歳時記

②『夏井いつきの「花」の歳時記』（夏井いつき：著　世界文化社）

〈本の特徴紹介〉

素敵な俳句と共に、桜図鑑が写真で掲載されている本です。二、三の句と写真を紹介し、一緒に俳句を音読するとよいでしょう。

★花以外の春の楽しみ

③『わくわくほっこり　和菓子図鑑』（君野倫子：著　二見書房）

〈桜餅や三色団子を紹介〉

お花見に欠かせない甘味の紹介をし、思い出話を語っていただきます。三色団子の色の意味を届けたり、聞き手に作り方を教えていただきます。

★桜を知る

④『桜守のはなし』（佐野藤右衛門：作　講談社）

〈内容紹介〉

桜守の仕事を紹介し、桜の特徴を知ったうえで一年間の世話をして育てていくために大切なことが、私たちの生活にも活かせる教訓となることを届けます。

★花見のもう一つの楽しみ方である桜吹雪

⑤『はなびらがとんできた』（つちだよしはる：絵　いのうえたかお：文　鈴木出版）

〈あらすじ紹介〉

ひらひらと花びらが舞う話を紹介し、次の活動のイメージを膨らませます。

◎活動

●折り紙ヘリコプターを準備し、上からヘリコプターを放つとクルクル回るので、ひらひらと花びらの舞うイメージを楽しんでもらえます。

また、折り紙で手回しゴマを作り、花びらを貼りつけて回して楽しんでもらいます。聞き手の状況や実施時間により一から折り紙で作ってもらったり、途中まで折っておき残りを完成させてもらったり、完成品を準備しておくなどの工夫をして準備します。折り紙に桜の香りを付けると更にイメージがしやすくなります。

実践例4

＊テーマ「お茶」

＊目標　新茶が出回る時期に、毎日飲んでいるお茶について取り上げ、栄養面や効果を伝えながら、ほっこりした時間を過ごしてもらいます。

＊プログラム

◎導入
新茶の時期であることを伝え、お好みのお茶を質問します。
◎展開
①『茶の絵本』（やまふくあけみ：絵　ますざわたけお：編　農産漁村文化協会）
〈内容紹介〉

お茶の歴史や、葉の種類の違いなど、知っていそうで知らない内容を伝えお茶を楽しんでもらいます。実物の異なる茶葉を用意し、香りをかいでもらうと、視覚、嗅覚も刺激でき、体験から味をイメージしやすくなります。
★茶道の心遣いの大切さ
②『本のお茶』（藤田一咲：写真　川口葉子：文　角川文庫）
〈一部読み語り〉
岡倉天心の茶の道を通して語られる言葉をじっくり読み語り、お茶の深みを届けます。
★茶の道具
③『鼠の嫁入りと文福茶釜』（石井滴水：絵　千葉幹夫：文　講談社）
〈あらすじ紹介〉

懐かしの昔話を思い出しながら、物語を楽しんでもらいます。
★お茶の時間がつなぐもの
④『ないたあかおに』（池田龍雄：絵　浜田廣介：文　偕成社）
〈あらすじ紹介　一部読み語り〉
赤鬼と人間がお茶を介して仲良くなる話です。物語の流れを伝えながら人間と楽しくお茶会をする場面など、お茶に関する場面をポイントに紹介していきます。赤鬼の立てた看板や、青鬼が残した赤鬼への手紙などは、読み語りをして場面と文章から物語を味わいます。
◎活動
●唱歌「茶摘み」に合わせて懐かしの手遊びをします。

実践例5

＊テーマ「春の花」
＊目標　春を彩る花の話を届け、花を育ててきた体験や、花にまつわる思い出を語っ

てもらいます。

＊プログラム

◎導入

春の花と言えば……と尋ね、ホワイトボードなどに書き記していきます。

◎展開

①『すみれとあり』（矢間芳子：作　福音館書店）

〈あらすじ紹介〉

すみれが石垣に咲く秘密を解き、蟻との共存の必要性を教えてくれる一冊です。花と動物の互いの役割や支え合いの大切さを届けます。

★花と自然（風）

②『たんぽぽ』（甲斐信枝：作　金の星社）

〈仕掛け絵本紹介〉

絵を中心に紹介し、仕掛けをとどけます。見開きの部分は聞き手から思わず「ワ〜」と声が出たりします。

★春に花を咲かせるための一年間の生育の様子

③『さくら』（矢間芳子：絵　長谷川摂子：文　福音館書店）
〈あらすじ紹介〉

国花である桜の一年間をあらすじで紹介します。お花見の思い出などを語ってもらうのもよいでしょう。
★そのほかの春の花を紹介します。
④『春の花だん』（浅井粂男・松原巌樹：著　旺文社）
〈内容紹介〉

春に咲くほかの花を色々紹介します。花の名前や育て方などの体験を語ってもらいます。
★花の名前と花言葉
⑤『花言葉　花飾り』（フルール・フルール：編　池田書店）
〈内容紹介〉

身近な花の花言葉や由来を紹介します。由来の知らなかったことへの驚きや、花言葉に心を癒してもらえるよう紹介します。
◎活動
●歌「この広い野原いっぱい」

●制作

花紙や折り紙で花作りをして花を咲かせるのもよいでしょう。または、模造紙に背景を描き、好きなところに花を貼ってもらい壁画を完成させます。

2　夏

実践例6

＊テーマ「雨～梅雨～」

＊目標　毎日気になる天気について語り合い、天気に関心を持ってもらいます。

＊プログラム

◎導入

天気予報の情報や、最近の天気について話し、雨についてのイメージを作ります。

◎展開

①『もくもくやかん』（かがくいひろし：作　講談社）
〈あらすじ紹介〉

やかんたちが集まって雨を降らせる準備の場面で、絵と同じように呼吸を合わせ、大きく息を吸って、止めて、吐く動作を行い場面に参加してもらいます。表情豊かな絵を楽しみながらあらすじを紹介します。

★雲

②『あのくもなあに？』（山村浩二：絵　富安陽子：文　福音館書店）
〈内容紹介〉

空に浮かぶ雲に色々な形と名前があることを紹介します。

★形から天気の予測

③『あしたのてんきは　はれ？くもり？あめ？』（野坂勇作：作　福音館書店）
〈内容紹介とクイズ〉

自然現象で天気を見極める先人の知恵が盛りだくさんの絵本です。答えを隠しておき、クイズ形式で聞き手に答えを当ててもらいます。

★雨が降れば傘をさします。

④『おじさんのかさ』（佐野洋子：作　講談社）

〈あらすじ紹介と一部読み語り〉

傘を持っているのに雨が降っても傘をささないおじさんのお話です。物語の面白さを楽しんでもらえるよう読み語ります。

★雨が好きな動物

⑤『でんでんむしのかなしみ』（かみやしん：絵　新美南吉：文　大日本図書）
〈読み語り〉

殻に悲しみがいっぱい詰まって悩むでんでんむしが、友達に相談してまわるお話を、声色などをあまり変えずじっくり読み語り内容を届けます。

◎活動
●歌・手遊び・脳刺激「でんでんむし」
片手をグー、反対の手をチョキにし、チョキの上にグーを乗せて、でんでんむしの形を作ります。「でんでんむし」の歌に合わせてグーとチョキを入れ替えます。

実践例7

＊テーマ「夏を楽しむ」

＊目標　夏の風物詩を思い出し、絵本の世界を楽しんでもいます。

＊プログラム

◎導入

夏といえば思い出されることを尋ねます。地元で行われるお祭りや行事について語り合ってもよいでしょう。

◎展開

①『なみ』（スージー・リー：作　講談社）

〈本の特徴と内容紹介〉

文字の無い絵本です。女の子が波打ち際で遊ぶ様子が絵で語られています。海での体験を語ってもらいます。

★祭りの前の滑稽な体験話

②『てんまのとらやん』（奥田恒夫：絵　宇津木秀甫：文　民話ブックス社）

〈読み語り〉

夏祭りを味わってもらえる絵本です。大阪の天神祭りの前日にとらやんを襲うハプニングの中で繰り広げられる展開と大阪弁のテンポのよさが楽しめる一冊です。語り時間が長すぎる場合は、あらすじ紹介と一部読み語りで届けます。

★ほかの夏祭り（盆踊り）

③『ハルばあちゃんの手』（木下晋：絵　山中恒：文　福音館書店）

〈本の特徴とあらすじ紹介〉

ハルさんという女性の人生を語ります。この絵本はハルさんの手が主人公になっています。白黒のデッサン風な絵の中に唯一、赤色の玉が描かれています。盆踊りに焦点をあてるもよし、人の人生に思いをよせるのもよいでしょう。

★暑さ対策で涼しくなるには怪談話

④『ゆうれいとすいか』（せなけいこ：絵　くろだかおる：文　ひかりのくに）

〈読み語り〉

夏の果物であるすいかとすいかの持ち主である江戸っ子気質の男性とゆうれいが繰り広げる世界が楽しく、昔懐かしいところてんの道具が出てきたり、おばけ組合の奇妙なすいかが登場します。声色や語り方を工夫して面白く届けます。

◎活動

●歌　童謡「村祭り」

色々な楽器（鈴　カスタネット　鳴子など音の出やすい物）演奏を交えて歌います

実践例8

＊テーマ「海」

＊目標　海にまつわる話を紹介しながら、同じ昔ばなしでも地域での伝わり方によって違いがあることや、竜宮城が出てくる話の色々などを届け、物語の面白さを味わってもらい、海の思い出や感じたことを語ってもらいます。

＊プログラム

◎導入

効果音で波の音を出しながら、思い出の海の場所や特徴を尋ねます。

米袋や紙製の箱に小豆などの豆を入れ、左右にゆっくり動かすと波の音が出ます。

◎展開

①『スイミー』（レオ＝レオニ：作　谷川俊太郎：訳　好学社）

〈あらすじ紹介〉、
現在は小学校二年生の国語の教科書（光村図書）にも載っている話で、自己発見と自己実現を主題に描いた作品を味わっていただきます。
★海といえば海水浴
②『お化けの海水浴』（川端誠：作　ＢＬ出版）
〈読み語り〉
色々なお化けが出てくる話を、声色を変えながら演じて届けます。
★海で展開される昔話
③『うらしまたろう』（時田史郎：再話　秋野不矩：作　福音館書店）
『うらしまたろう』（村上幸一：絵　大川悦生：文　ポプラ社）
『うらしまたろう』（町田尚子：絵　山下明生：文　あかね書房）
〈読み比べ〉
語り継がれてきた昔話には、地域によって話の内容が異なります。その違いを伝え自分が知らない浦島太郎との出会いを楽しんでもらいましょう。福音館書店の『うらしまたろう』は、亀は五色でその正体は乙姫様、太郎は玉手箱をあけて白髪の老人になるという結末です。ポプラ社の『うらしまたろう』の亀は、乙姫様に使える亀で、太郎は四季の部屋を見たり、竜宮の山や谷の遊びにも出かけたという展開の中、結末は年老いた老人になって波が空になった玉手箱をさらってしまうと締めくくられています。あかね書房の『うらしまたろう』は、釣り竿に紫の亀がかかり、「つるは千年、かめは万年というからな。きょうはたすけてやるから、しっかりながいきしておくれ」と声をかけて放してやり、後日船に乗った美しい女が嵐に遭って海を流されてきたのでこの船で国まで送ってほしいとせがみ浦島太郎は竜宮に行くという展開です。結末は玉手箱は三段重ねで一段ずつ開けていき三段目には二枚の鶴の羽根が入っていて、浦島太郎の肩に張りつき鶴になって飛んでいくという話です。内容以外にも絵の違いや色使いなど、この三冊を比較し、伝承話の面白さを伝えます。

★現代版　竜宮城が出てくる話

④『海のそこの電話局』（くすはら順子：絵　大庭桂：文　旺文社）

〈あらすじ紹介〉

ウラシマ海洋研究所が出てくる話で、エビのお嬢さんたちが電話交換手として電話をつなぎながら、色々な出来事が起こります。時には浦島太郎に関係するものが登場します。社会問題を考えさせられる一面を持つ一冊です。

★そのほかの竜宮城　落語絵本

⑤『そうべえふしぎなりゅうぐうじょう』（田島征彦：作　童心社）

〈本の魅力紹介と一部読み語り〉

桂米朝の上方落語「兵庫船」「小倉船」をヒントに創作された、浦島太郎や乙姫様が出てくる奇想天外な絵本です。落語のように語り届けます。

★海に浮かぶ島　民話絵本

⑥『島ひきおに』（梶山俊夫：絵　山下明生：文　偕成社）

〈あらすじ紹介と一部読み語り〉

この話は広島県の無人島敷島にまつわる言い伝えをもとに描かれた絵本です。一人で島に住んでいる鬼は寂しく、人間たちと一緒に暮らすために島を引っ張って旅を続ける話です。鬼と一緒に住むわけにはいかない人間の卑怯な振る舞いと、純粋に人間と一緒に住みたいと願う鬼の報われない思いが胸を打ちます。民話の世界を届け、心を動かしてもらいましょう。

◎活動

● 歌「琵琶湖周航の歌」

● オカリナ演奏

波の効果音出しを体験してもらったり、思い出の海を語ってもらいます。

※海が、戦争体験につながる方がおられました。聞き手の反応を考慮し臨機応変に対応してください。

実践例9

*テーマ「夏の風物詩」お盆前後の時期

*目標　生活の中でなじみのある物事を取り上げながら、体験や知恵を教えてもらいます。

*プログラム

◎導入

帰省ラッシュの情報を提供し夏の帰省に関係する話題で、故郷の思い出を語ってもらいます。

◎展開

①『じいちゃんのよる』（きむらよしお：作　福音館書店）
〈あらすじ紹介〉

夏休みにじいちゃんのところに帰省する話で、縁側でスイカを食べて、種飛ばしをしたり、花火をしたりする、誰でも経験してきたことが迫力ある絵で描かれています。夜にじいちゃんが寝る時の知恵を孫に教えるのですが、聞き手の皆さんにも色々なおまじないを教えてもらうと盛り上がります。

★体を冷やすかき氷

②『かきごおり』（樺山祐和：作　福音館書店）
〈内容紹介〉

クイズ形式に「暑さをしのぐための食べ物にはどんなものがありますか？」と質問し、答えをホワイトボードなどに書き出していきます。この絵本は、手回しかき氷機を使ってかき氷を作っていく内容なので、お好きな味を尋ねたりしながら楽しんでもらいましょう。

★食べ物以外の夏

③『おおきなおおきなきいろいひまわり』（フランセス・パリー：作　たにゆき：訳　大日本絵画）

〈仕掛け絵本紹介〉

物語が進むにつれ、大きなひまわりの花びらが一枚ずつ開き、最後は大輪の花を咲かせる仕掛け絵本です。夏を代表するエネルギー溢れるひまわりの花言葉と共に届けます。

★草花に近づくと刺される蚊
④『イソップ物語　カとライオン』（イソップ：原作　西村鶏介：監修　小学館）
〈読み語り〉

ギリシャで生まれた身近な知恵話（寓話）として受け継がれるお話です。蚊が一番強いライオンをやっつけたあとでクモの巣に引っかかり食べられてしまうというストーリーで、独り合点で強いと思っていると鼻をへし折られるという処世訓を述べています。物語を楽しみながら、「身近な人にいませんか？」と投げかけてみてください。

★蚊を退治するもの
⑤『かとりせんこう』（田島征三：作　福音館書店）
〈あらすじ紹介〉

リアルな蚊取り線香の絵が表紙の絵本です。煙で蚊が落ちることは当たり前ですが、その後色々なものが煙で落ちていきます。最後のお月さまの涙で蚊取り線香が消えるシーンも味わい深く、裏表紙まで楽しめる一冊です。香り付きや小型サイズなど現在の蚊取り線香事情も伝えて届けます。

★夏と言えば海遊び

⑥『なみ』（スージー・リー：作　講談社）

〈内容紹介〉

表情豊かな女の子が波打ち際で遊ぶ場面などを見ていただき、磯の香りや波の音、海水の感触など体験したことを思い出し感じていただけるよう工夫して届けます。

◎活動

●歌　童謡・唱歌「海」

実践例10

＊テーマ「夏」

＊目標　色々なものから夏を感じ楽しんでもらいます。

＊プログラム

◎導入

「夏といえば何を思い出しますか?」と質問をし、答が出にくければ、花、食べ物（野菜、果物）行事等に区切って尋ねます。答えをすべてホワイトボードに書き出していきます。出てきたものを活かしながらプログラムをつなげていきます。

◎展開

①『ひまわり』（和歌山静子：作　福音館書店）

〈読み語り〉

ひまわりの一粒の種が大きく成長していくストーリーです。ひまわりの種を食したことや背丈ほどある大きなサイズのひまわりを思い出してもらいます。

★夏野菜胡瓜《きゅうり》

②『おっきょちゃんとかっぱ』（降矢奈々：絵　長谷川摂子：文　福音館書店）

〈漢字クイズとあらすじ紹介〉

夏野菜の胡瓜の場面を広げ、名前に瓜の付く野菜、果物クイズをします。南瓜・西瓜・冬瓜・甜瓜の読み方を当ててもらいます。その後絵本に戻りあらすじを届けます。

★西瓜

③『ゆうれいとすいか』（せなけいこ：絵　くろだかおる：文　ひかりのくに）

〈読み語り〉

実物のところてんを作る道具を提示し尋ねます。物語の中にこの道具が出てきますと伝え、読み語っていきます。

★祭り

④『ハルばあちゃんの手』（木下晋：絵　山中恒：文　福音館書店）

〈あらすじ紹介〉

ハルさんの一生と盆踊りに焦点を当てて紹介します。時代背景や恋ごころを思い出し、聞き手なりの感情を動かしてもらえる一冊です。

★花火

⑤『はなび』（秋山とも子：作　教育画劇）

〈内容説明〉

花火の尺玉作りから、打ち上げまでの物語です。夜店が並ぶページでは、絵が細かいですが、懐かしの屋台を言ってもらったり、語り手が屋台（金魚すくい　射的　ひよこ屋　りんご飴　綿菓子など）を示し、思い出話を語ってもらいます。最後は打ち上げ花火の華やかさを楽しんでもらいます。

★隅田川花火大会

⑥『ぼくらが東京タワーに憧れたころ』（毛利フジオ：作　岩崎書店）

〈仕掛け紹介〉

昭和三十年代の暮らしが、ポップアップで立ち上がり、懐かしの音風景や主題歌の音声モジュールがついている仕掛け本です。隅田川の勝鬨橋《かちどきばし》の開く仕掛けがついていて、花火大会のシーンを紹介します。隅田川花火大会は、日本最古の花火大会で、江戸時代八代将軍徳川吉宗が始めたとされています。そのほかの地域で行われる花火大会も尋ねてみます。

★花火を描く

⑦『くれよんのくろくん』（なかやみわ：作　童心社）

〈あらすじ紹介〉

真っ白な画用紙に各色のクレヨンが絵を描いていきます。黒色のクレヨンは仲間に入れてもらえません。各色のクレヨンもはみだしなどが出てきてけんかを始めます。黒色のクレヨンは、シャープペンシルのお兄さんと相談をして画用紙全体を真っ黒に塗ってしまいます。その上をシャープペンが削ると美しい花火の絵が出来上がります。黒色のクレヨンは仲間に入れてもらったという話です。削り絵の部分をしっかり伝えます。

◎活動

●削り絵

画用紙に色々なクレヨンで色を塗り、その上から黒クレヨンで色を重ね塗ります。所要時間にもよりますが、この工程までは準備しておくことをおすすめします。その上を竹串などで削って絵を描いてもらいます。絵は自由に描いてもらいますが、描きづらい方には花火や花などの見本を提供したり、書きはじめを一緒に描いたりして完成してもらいます。画用紙だけだと手や机が汚れるので、絵を描く画用紙より大きめの画用紙で二つ折りの台紙を付けておくと出来上がりもよく、持ち運びやすく汚れ防止にもなります。できれば描く際には、使い捨ての手袋を着用してもらいます。

3　秋

実践例11

＊テーマ「秋の葉」

＊目標　秋への移り変わりを感じてもらいます。

＊プログラム

◎導入

①『しぜん　おちば』（飯村茂樹：写真　金子信博：指導　フレーベル館）

〈内容説明〉

導入（テーマの興味づけ）で絵本を使います。

落ち葉の色や形の違いを写真でとらえ、落ち葉のじゅうたんなど秋の色彩を感じることのできる科学絵本です。黄色や赤色の落ち葉の色の仕組みの謎も解けます。落ち葉を踏む時の感触や音、自然界の落ち葉の役割なども届けます。

◎展開

②『さわさわもみじ』（木内達朗：絵　東直子：文　くもん出版）

〈読み語り〉

物語と色鮮やかな絵から、落ち葉の音、風や寒さなどを感じることができる一冊です。リズムや間を工夫して届けましょう。

★紅葉

③『まっぷる　京都すてきな秋』（昭文社）

〈内容紹介〉

旅の雑誌『まっぷる』の秋号（二〇一三年）です。紅葉狩りの名所の写真や情報がたくさん掲載されています。聞き手が行ったことのある場所を尋ね、名産物なども伝え、旅に出かけている雰囲気を創り出すものよいでしょう。

★落ち葉で作るもの　やきいも

④『やきいもの日』（村上康成：作　徳間書店）

〈あらすじ紹介〉

「落ち葉を集めて焼くと美味しいものは何でしょう?」と質問し、答が出たところで絵本を見せ、あらすじを紹介します。りっちゃんとれいちゃんがけんかをしたのですが、おじいさんが焼いてくれる焼き芋で仲直りをするという物語です。女の子たちの気持や表情を感じるもよし、焼き芋の触感やにおいを感じることもできます。また、聞き手に焼き芋の作り方を教えてもらうのもよいでしょう

★葉の一生

⑤『葉っぱのフレディ――いのちの旅』（レオ・バスカーリア：作　みらいなな：訳　島田光雄：絵　童話屋）

〈あらすじ紹介と一部読み語り〉

葉っぱのフレディが生まれて落ち葉となり土に返り、木を育てる力になって、自然界の中でいのちを変化させ続けているという内容で、秋から冬にかけての一部分を読み語りじっくり物語を届けていきます。

★不思議な木

⑥『さわってごらん！ふしぎなふしぎなまほうの木』（クリスティ・マシソン：作　大友剛：訳　ひさかたチャイルド）

〈参加型読み語り〉

聞き手に本を触ったり、こすったり、揺らしたりしてもらい、言葉をかけてもらいながら読み語りを進めていく絵本です。変化がまるでマジックを見ているよう

に楽しめます。
◎活動
● 歌　童謡・唱歌「もみじ」

|実践例12|

＊テーマ「秋の話」
＊目標　読書の秋に物語をじっくり味わってもらいます。
＊プログラム
◎導入
秋と言えば、食欲の秋、スポーツの秋、読書の秋ということで、秋にちなんだ絵本を紹介していく旨を伝えます。
◎展開
①『さるとかに』（赤羽末吉：絵　神沢利子：文　銀河社）

〈あらすじ紹介と始まりから柿が育つまでの部分を読み語りと参加読み〉

尋常小学校国語読本にも掲載されています。かにが柿を育てる時にかける言葉「はようめをだせかきのたね」などを一緒に言ってもらい語りを進めていくのもよいでしょう。参加型にする場合は、個別にプリントを用意するか、模造紙に書き、見て読めるものを用意しておきます。現代の話の結末に、猿は反省し皆と仲良くなる話もあることなどを伝えてもよいでしょう。

★秋を彩る柿以外の木

②『どんぐりの木』（亀岡亜希子：作　ＰＨＰ研究所）

〈あらすじ紹介〉

秋を感じる色彩豊かな絵本です。一本のどんぐりの木は、森の動物たちにどんぐりがまずいと言われ、からかいの歌を歌われ続けます。どんぐりの木は実をつけることをやめてしまいます。が、一匹のリスがこのどんぐりの木に住み着き、「どんぐりをつけようがつけまいが、わたしはあなたがすきなのよ」と語りかけます。リスのためにどんぐりは再び実をつけるという物語です。他者との関係や孤独感、新たな出会いやおもいやりを詰め込んだ心温まる物語を届けます。

★リス以外の動物きつね

③『きつねのでんわボックス』（たかすかずみ：絵　戸田和代：文　金の星社）
〈あらすじ紹介と一部読み語り〉

母と子の愛が詰まった一冊です。子ぎつねを病気で失い悲しみに暮れる母ぎつねと、母親が入院していて離ればなれに暮らしている人間の男の子が電話ボックスを通して関わっていく話です。優しさあふれる絵と共に、子育てを思い出しながら、物語を味わってもらいます。
★もう一つのきつねの話
④『ごんぎつね』（黒井健：絵　新美南吉：文　偕成社）
〈あらすじ紹介と結末読み語り〉

きつねのごんが、兵十にいたずらをして反省し、兵十の家へ、いわしや栗、松茸を届ける話で、小学校四年生の国語の教科書（光村図書）に掲載され続ける物語です。最後のシーンの読み語りでは、物語の余韻を大切に届けましょう。
★紅葉　赤色
⑤『最後の一葉』（いもとようこ：作　オー・ヘンリー：原作　金の星社）
〈あらすじ紹介と一部読み語り〉

アメリカを代表する短編作家の話を絵本で紹介します。紅葉した葉っぱの緑色と赤色が印象的で、表表紙と裏表紙がつながっていてインパクトがあり、絵が語りかけてくるような一冊です。オー・ヘンリーの世界を味わいましょう。

★紅葉　黄色

⑥『もりのかくれんぼう』（林明子：絵　末吉暁子：文　偕成社）

〈あらすじ紹介とかくれんぼう探し〉

けいこちゃんが出会う不思議な森でのかくれんぼう体験。もりのかくれんぼうという名の男の子と動物たちが色々なところに隠れます。絵の中でどこに隠れているのかを当てていきます。カラーコピーやビッグブックを用意すると参加しやすくなります。

◎活動

●歌体操「どんぐりころころ」を歌いながら、手遊びや体操（腕回し、肩たたき、足踏み、手拍子など）を組み入れる。

実践例13

＊テーマ「秋の虫」

＊目標　秋の虫に関する絵本を味わってもらいます。

＊プログラム

◎導入

秋を感じさせてくれる虫の種類を質問しホワイトボードなどに記します。

◎展開

①『とべバッタ』（田島征三：作　偕成社）

〈あらすじ紹介〉

迫力のある絵と、ほかの虫たちに食べられそうになりながらも窮地をしのいで生きていくバッタの力強さを感じてもらいます。自分が飛べることを知ったバッタは、トンボたちに飛び方を馬鹿にされても自分の力で飛べることを喜び、自分の羽根で行きたいほうに飛んでいくという物語です。

★心優しい虫

②『クレリア』マイケル・グレイニエツ：作　ほそのあやこ：訳　セーラー出版）

〈あらすじ紹介〉

休むためによい枝を見つけたクレリアのところに、次々と虫たちが私も入れてとやってきます。そのたびにクレリアは体を小さくして皆を迎えますが、とうとう姿がなくなってしまい、虫たちはポスターを作ってクレリアを探します。本に虫たちが作ったポスターが付いていますので、聞き手にも紹介します。

★ゴキブリ

③『かぶと三十郎――きみのために生きるの巻』（宮西達也：作　教育画劇）

〈台詞読み語りとあらすじ紹介〉

しまのかっぱに三度笠のいでたちのお侍、カブトムシのかぶと三十郎とゴキブリのゴキゾウとの対決や、スリッパで叩かれそうになったゴキゾウをかぶと三十郎が助けたりと、虫たちの世界で繰り広げられる話を、時代劇風に描写しているアクションと愛の物語です。物語の展開のユニークさと時代劇風な感じを届けます。

★毛虫

④『虫めずる姫ぎみ』（村上豊：絵　森山京：文　ポプラ社）

〈あらすじ紹介〉

平安時代後期の短編物語集「堤中納言物語」に収められている一つの古典物語です。毛虫をかわいがる風変わりな姫ぎみの日常や姫に関心を示す右馬之助という公達《きんだち》との歌のやり取りも味がありますので、わかりやすく工夫して届けます。

★こおろぎ

⑤『だんまりこおろぎ』（エリック・カール：作　工藤直子：訳　偕成社）

〈読み語り〉

こおろぎの赤ちゃんが色々な虫たちに出会いながら成長していく物語です。「ちいさな　はねを　こし・こし・こし　でも　あらら　おとが　でないよ　うたえない」をリズミカルに繰り返しながら読み語ります。最後はメスのこおろぎと出会い友達になりたくて挨拶をし、歌います。最後のページを広げるとこおろぎの鳴き声が出てくる音の出る絵本に、聞き手は驚きます。大きな音ではないので、聞こえにくい場合は近くまで絵本をお持ちしてください。

◎活動

● 歌と楽器演奏　童謡・唱歌「虫の声」

まず歌に出てくる虫の姿のコピーを見せ、鳴き声クイズをします。マツムシ（チンチロチンチロチンチロリン）、スズムシ（リンリンリンリンリインリン）コオロギ（キリキリキリキリ）、クツワムシ（ガチャガチャガチャガチャ）、ウマオイ（チョンチョンチョンチョンスイッチョン）

鈴やカスタネット、マラカスなどの楽器も歌に合わせ自由に鳴らしてもらいましょう。

実践例14

＊テーマ「秋の楽しみ」

＊目標　秋の季節を楽しんでもらいます。

＊プログラム

◎導入

①『秋ですよ』（津田真帆：絵　柴田晋吾：文　金の星社）

〈内容紹介〉

絵本のページをめくりながら、色々な秋の訪れを感じてもらいます。

◎展開

②『むしたちのうんどうかい』（久住卓也：絵　得田之久：文　童心社）

〈内容紹介〉

運動会で行った競技種目について取り上げていきます。虫たちが行うユニークな方法も伝えます。
★虫の特徴と工夫
③『自然に学ぶものづくり図鑑』（赤池学：監修　PHP研究所）
〈内容紹介〉

動植物からヒントを得たモノづくりの図鑑です。ハチの巣のハニカム構造は、旅客機の壁面などに使われていたり、水をはじく蓮の葉は、傘や雨具に応用されていたり、トンボの複眼や羽根の仕組みは小型飛行機や風車の羽根の開発に利用されているなど、身近なものの不思議を届け楽しんでもらいます。
★トンボ
④『赤トンボ』（今森光彦：作　アリス館）
〈内容紹介〉

アキアカネの羽化から成長、産卵までを追った自然を体いっぱいで感じ取れる一冊です。アキアカネの生態から里山での暮らしまで里山の風景と共に懐かしさも届けていきます。

★相撲　秋場所

⑤『どすこい！むしずもう』（タットミカオ：作　ひさかたチャイルド）

〈読み語り〉

大相撲の秋場所の話題なども伝えながら、虫たちが戦う熱戦を語る絵本です。行司の台詞をリアルに語れば、大相撲観戦をしているかのような迫力を届けることができます。仕掛け絵本になっているのでページのめくり方を工夫して臨場感を出しましょう。

◎活動

●紙相撲

土俵と力士を準備しておきます。好きな力士を選んでもらい、二人一組でトントン相撲を行ってもらいます。行司の役割もつくると盛り上がります。

●歌　童謡・唱歌「赤とんぼ」

実践例15

＊テーマ「秋の食べ物」

＊目標　食欲の秋にちなんだ秋ならではの美味しい旬の食材を意識してもらいます。

＊プログラム

◎導入

秋が旬の食材（魚、野菜）は何かを質問し、答えを書き出していきます。

◎展開

①『ピリカ、おかあさんへの旅』（沢田としき：絵　越智典子：文　福音館書店）

〈あらすじ紹介〉

秋鮭が美味しい季節。四歳の鮭が成長して、川登りや産卵を経験していく生態を物語にした絵本です。迫力ある絵と共に、生きることや母になることの素晴らしさや、命果てでもなお命がつながっていく物語の深さを届けます。

★秋に美味しい魚秋刀魚《さんま》

②『きょうのごはん』（加藤休ミ：作　偕成社）

〈内容紹介〉

表紙にちょうどいい焼き具合の秋刀魚が描かれています。秋刀魚の読み方クイズをしたり、薬味には何がおすすめか、醤油など何をかけるかなど質問し、好みを聞き出します。加藤休ミさんの繊細な絵も紹介します

★秋に美味しい野菜さつまいも。

③『さつまのおいも』(村上康成:絵　中川ひろたか:文　童心社)

〈読み語り〉

さつまいもの擬人化がとてもユニークで、最後のページまで楽しい絵本です。さつまいもと人間の綱引きシーンでは、聞き手にも一緒に「うんしょ　とこしょ」とかけ声をかけてもらうのもよいでしょう。

★干しいも

④『ぬ〜くぬく』(山本孝:絵　飯野和好:文　農山漁村文化協会)

〈あらすじ紹介〉

大根とさつまいもが干されて美味しい漬物と干しいもになる物語です。方言で繰り広げられる干し大根と干しいものやり取りは滑稽で楽しく、お寺の鐘の音や絵からほっこりした時間が流れる絵本です。たくあんの漬け方や、干しいもの作り方のコツを教えてもらいましょう。

★干し柿

⑤『干し柿』（西村豊・作　あかね書房）

〈あらすじ紹介〉

渋柿を干し柿にする工程が説明されている写真絵本です。柿を吊るし天日干しにする場面や粉がふくまでの工程は田舎の風景とともに癒され、干し柿とお茶が出てくる場面は、思わず手が出そうになります。吊るし柿の実物を提示するとより五感が働きやすくなります。

◎活動

●歌　童謡・唱歌「夕焼け　小焼け」

4　冬

実践例16

＊テーマ「雪」

＊目標　雪に関する話を楽しんでもらいます。

＊プログラム

◎導入

雪の思い出（場所、遊び）を尋ねます。

①『きらきら』（吉田六郎：写真　谷川俊太郎：文　アリス館）

〈内容紹介〉

色々な雪の結晶を紹介し、雪の面白さを届けます。

◎展開

②『えりまきの花』（いもとようこ：絵　中島和子：文　ひかりのくに）

〈あらすじ紹介〉

雪合戦をしていた子どもが、えりまきを外し木の枝にかけておくと子ぎつねが持っていってしまいます。妊娠中の母ぎつねを温めるためでした。家に帰った子ぎつねは、母ぎつねに返してくるよう言われしょんぼりします。それを見ていた子どもは、仲間に事情を話し、「はるまでどうぞおつかいください」とメッセージを残し、子ぎつねにえりまきを貸し出す心温まる物語です。実物のえりまきを見せるのもよいでしょう。

★冬の昔話

③『かさじぞう』（黒井健：絵　松谷みよ子：文　童心社）

〈あらすじ紹介と一部読み語り〉

思わず手を合わしたくなるようなお地蔵さまが描かれている懐かしい昔話です。しんしんと降り積もる雪やお地蔵さまが荷物を運ぶ場面などの雪を絵で感じながら雪での体験を語ってもらいます。

★冬の昔話

④『ゆきおんな』（滝原章助：絵　立原えりか：文　チャイルド本社）

〈あらすじ紹介〉

吹雪と冷たい空気、心の寒さともの悲しさなどを味わえる長野に伝わる伝説です。淡々と語り、恐ろしさと共に出会いや別れの心情なども感じてもらいます。

★冬の昔話

⑤『つるのおんがえし』（水口理恵子：絵　石崎洋司：文　講談社）

〈あらすじ紹介と一部読み語り〉

わなに掛かった鶴が、自分の羽を抜いてはたを織り、高価な反物を織って恩返しをする物語です。鮮明な色彩の美しい絵から温度や心情などを感じてもらいます。

★雪の白色

⑥『しろいふゆ』（ロバート・サブダ：作　永瀬比奈：訳　大日本絵画）

〈内容紹介〉

バックの青色に雪をテーマにした白色の仕掛けが飛び出してくる、開いてびっくりの仕掛け絵本です。思い出話と共にページをめくっていきます。

◎活動

●歌　童謡・唱歌「雪」

花紙を丸めて雪に見立て、雪合戦をしたり、白い紙をちぎり、紙吹雪を楽しむと、手先や体を動かしてもらえます。異食される方には注意してください。

実践例17

＊テーマ「冬に美味しい食べ物」

＊目標　日常生活で食している冬の旬を届けながら、栄養や食べることの大切さを知ってもらいます。

＊プログラム
◎導入
寒い毎日の気象情報を伝え、冬に美味しい食べ物を質問します。
◎展開
①『おでんのゆ』（真珠まりこ：作　ひさかたチャイルド）
〈あらすじ紹介〉

鍋の中におでんの具が次々入っていき、おでんが出来上がる話です。前ページの絵の中に次に入る具のヒントが出てきますので、クイズにしても楽しめます。好きな具を聞いてみて参加を促します。
★鍋料理
②『なべぶぎょう　いっけんらくちゃく』（亀澤裕也：絵　穂高順也：文　あかね書房）
〈読み語り〉

大岡越前のかみなべすけが、名裁きを行う時代劇風の物語です。演劇調に語り楽しんでもらいます。
★各地の鍋料理

③『あつまれ！全日本ごとうちグルメさん』（おおのこうへい：絵　ふくべあきひろ：文　ブロンズ新社）

〈内容紹介〉

日本全国のご当地グルメが擬人化して登場します。また、ご当地おやつや食材、ご当地の地形に方言も出てくる、見ても読んでもおなかがいっぱいに満たされる一冊です。

身近な地域や旅したことのある地域を聞きながら紹介していきます。

◎活動

●寄せ鍋ゲーム

聞き手に食材を書いた紙を配り、大鍋に食材を入れてもらい皆で鍋料理を完成させていきます。好きな食材を選んでもらったり、鍋に入れる時に食材名を大きな声で読んでもらう工夫をします。

実践例18

＊テーマ「温かいもの」

＊目標　寒さに負けず、体をしっかり温めてもらう手段と入浴について考えてもらいます。

＊プログラム

◎導入

日々の寒さに関する気象情報を話し、「寒い冬に体が温まっていいなあと思うことは何です?」と質問をします。お答えをホワイトボードなどに記し、情報を共有します。

◎展開

①『おしくらまんじゅう』（かがくいひろし：作　ブロンズ新社）

〈読み語り〉

「こんな遊びされましたか?」と尋ね、本の表紙を見せます。紅白のまんじゅうが間にまんじゅう、こんにゃく、納豆、お化けを挟んでおしくらまんじゅうをする話です。表情豊かにユニークに描かれているので、食材の触感や食感、においなども感じていただけるように工夫し、おしくらまんじゅうの歌に乗せリズミカルに届けます。

★温泉で体を温める

②『にんじんさんがあかいわけ』（ひらやまえいぞう：絵　松谷みよ子：文　童心社）

〈あらすじ紹介〉

なぜにんじんが赤くて、だいこんが白く、ごぼうが黒いのかを謎解きしていく昔話です。烏の行水のごぼう、しっかり体を洗うだいこん、ゆっくり浸かるにんじんですが、聞き手の皆さんはどのタイプかを尋ねます。

★温泉

③『白ぎつねの湯』（大沼きょう子：絵　柴藤愛子：文　エイ・アイ出版）

〈あらすじ紹介と一部読み語り〉

山口県湯田温泉に伝わる白ぎつね伝説の物語です。ＪＲ湯田温泉駅では白ぎつねの「ゆう太」が観光客を迎えてくれ、湯の町通りには「招き白ぎつね」が店ごとにいるそうです。山口県出身の人に山口について色々教えていただくのもよいでしょう。物語は足をけがした白ぎつねが養生の旅をし、温泉を見つけてけがを治すという話ですが、白ぎつねや人間が温泉に浸かる場面からは、気持ちのよさが伝わってきます。思い出の温泉を教えてもらうのもよいでしょう。

★体を温める激辛ブーム

④『じごくのラーメンや』（西村繁男：絵　苅田澄子：文　教育画劇）

〈あらすじ紹介〉

地獄が不人気なのを知った閻魔《えんま》さまが、全部食べたら天国へ行ける真っ赤な激辛ラーメンを作ると行列ができるほど大人気になります。噂は天国まで届き天国からの一行が地獄に食べに来ます。激辛ラーメンを食べ切った唯一のお地蔵さまは、天国へ帰ってもひっきりなしに出前注文をするので、調理に忙しくなった閻魔さまたちは、監視できなくなり地獄は穏やかなところになるという話です。激辛ラーメンのすごさを想像し味わいます。

★温まる食べ物

⑤『うどんのうーやん』（岡田よしたか：作　ブロンズ新社）

〈参加型読み語り〉

うどんのうーやんが注文先のきつねのところまで出前をする物語が、大阪弁で面白く描かれています。

◎活動

●台詞を語る

「うどんのうーやん」の文中に出てくる「　」の台詞の部分を聞き手に語ってもらい、読み語っていきます。語っていただく直前に番号と台詞を書いた紙を配り、少しの時間練習してもらいます。「　」の部分以外は語り手が語り、進行していきます。うどんが無事にきつねまで届くか、きつねうどんの注文のはずが……。語り手一人ひとりの個性が光ること間違いなしです。順番が回ってくる緊張感や、表現する楽しさも味わっていただきながら皆で創り上げる一体感も味わえます。

二　行事

続いて年間行事に関するプログラムを紹介します。月行事を行う前の導入に介護ブックトークを使われるとイメージが膨らみ、より楽しく行事に参加していただけます。本をツールに色々な場面を届け、行事のやり方や由来、経験や知恵、思い出話を引き出し、語り手と聞き手と共に共有の話題で語り合い、新しい発見を楽しみましょう。

行事当日の導入に使っていただけるブックコマーシャル（一冊の本を紹介する方法）用の本や紙芝居も紹介しますので参考にしてください。

1　一月

実践例19

＊テーマ「年始め・お正月」

＊目標　年初めの家事仕事や風習を思い出し、方法やコツを教えてもらいます。

＊プログラム

◎導入

新年の挨拶をし、西暦や元号、干支《えと》クイズをして新年を祝います。

◎展開

①『じゅうにしのはなし』（くすはら順子：絵　ゆきのゆみこ：文　ひさかたチャイルド）

〈あらすじ紹介〉

干支の順番がどのように決まったかが知れる物語です。個性あふれる動物たちの表情を楽しんでもらいます。十二支を順番に言ってもらったり、聞き手の干支を教えてもらったり、年男や年女の人を探したりしながら楽しみます。

★七福神

②『七ふくじんとおしょうがつ』（伊東美貴：絵　山末やすえ：文　教育画劇）

〈あらすじ紹介と一部読み語り〉

お正月の風習と七福神信仰が描かれています。聞き手に風習の意味を教えてもらったり、知っているようで知らなかったことを紹介したりしながらおめでたい気分を味わってもらいます。また七福神紹介やクイズをしてもよいでしょう。

★めでたいお面

③『おめんです』（いしかわこうじ：作　偕成社）

〈内容紹介〉

色々なお面に隠れている動物たちを当てる絵本です。おたふくやだるま、ひょっとこなどのお面を紹介します。

★めでたいだるま

④『だるまさんの』（かがくいひろし：作　ブロンズ新社）

〈読み語り〉

『だるまさんの』のリズムに乗せて身近なものが続いて出てきます。ユニークな絵を味わいながら楽しみましょう。聞き手の人数によってはビッグブックを使用するとよいでしょう。

★そのほかのめでたい物

⑤『えんぎもん』（青山友美：作　風濤社）

〈あらすじ紹介〉

縁起物が色々出てくるお話です。招き猫の色や手の挙げ方の意味などを付け足しながら紹介します。話の途中で貧乏神が家に来て悪いことが起きますが、めでた家秘伝の書を家族が音読し切り抜ける物語です。

◎活動

●音読　『えんぎもん』秘伝の書

秘伝の書を聞き手に配布し、音読します。そのほかにもおめでたい言葉（「笑う門には福来る」「無病息災」「家内安全」「果報は寝て待てなど」）を言葉にしてもらいます。

●歌　「一月一日」「お正月」

●音楽鑑賞　「春の海」

※高齢の方に「教育勅語」を提示した時、直立され前に「勅語」を持って大きな声

で音読した当時を再現されて、元旦に登校した時の思い出を教えていただけました。

＊年始めに関する絵本

『しめかざり』（森須磨子：作　福音館書店）
『おもちのきもち』（かがくいひろし：作　講談社）
『もちもちおもち』（庄司三智子：作　岩崎書店）
『もちづきくん』（長野ヒデ子：絵　中川ひろたか：文　ひさかたチャイルド）
『おしょうがつさんどんどこどん』（長野ヒデ子：作　世界文化社）
『おぞうにくらべ』（宮野聡子：作　講談社）
『おせちのおしょうがつ』（吉田朋子：絵　ねぎしれいこ：文　世界文化社）
『だるまさんが』（かがくいひろし：作　ブロンズ新社）
『だるまさんと』（かがくいひろし：作　ブロンズ新社）
『ねこのたまたま』（いぬんこ：絵　倉本美津留：文　好学社）

2　二月

実践例20

＊テーマ「節分・鬼の話」

＊目標　節分の行事に関することを教えてもらい、鬼の話を楽しんでもらいます。

＊プログラム

◎導入

節分の歴史や由来の話をしたり、玄関飾りのひいらぎやイワシの頭、豆に関するクイズを行います。

◎展開

①『せつぶんのひのおにいっか』（青山友美：作　講談社）

〈あらすじ紹介〉

人間と暮らす鬼一家ですが、節分の日は福の神に家を明け渡し、屋根で一晩過ごすという話です。結末では庭の木に梅が咲き春の知らせが届くという季節感を届けてくれます。

★豆まき

②『ふくはうちおにもうち』（山本孝：絵　内田麟太郎：文　岩崎書店）

〈あらすじ紹介〉

絵本のタイトルのおかしいところに気づいてもらい、あらすじを紹介します。豆まきで追い出され凍えそうになっている鬼たちを、人のいい男が家に招き入れ、酒を交わします。そこへおかみさんと五人の子どもたちが帰ってきて、鬼を追い出そうとしますが、酔っぱらった男や鬼たちは騒ぎ続けます。にぎやかな家だと福の神がやってきたので、逃がさないようにおかみさんは晩酌をして接待します。どんちゃん騒ぎとなり、楽しい一晩を過ごすという物語です。鮮やかな色彩と物語の面白さを届けます。

★節分　恵方巻

③『おばあちゃんのえほうまき』（野村たかあき：作　佼成出版社）

〈内容紹介〉

節分に食べるとよい一年になるといわれる恵方巻を、おばあちゃんが作ってくれます。家族の温かさも感じられる一冊です。

★自分の中にいる鬼

④『おなかのなかにおにがいる』（西村達馬：絵　小沢孝子：文　ひさかたチャイルド）

〈内容紹介〉

それぞれの人の中にも鬼は存在するという話です。面倒くさがりの鬼、食いしん坊の鬼、泣き虫鬼、へそ曲がり鬼が出てきます。豆まきの時、鬼は内と言った子どもの中に鬼たちが逃げ込んでしまうという物語です。日常の中で誰もが感じる思いを届けます。

★鬼の昔話

⑤『おにょりつよいおよめさん』（吉田尚令：絵　井上よう子：文　岩崎書店）

〈読み語り〉

村を襲う暴れん坊の鬼が、嫁をよこせと言い、村人が困っていると、とらというでっかい娘が名乗り出ます。鬼が飯炊きを命令すると自分でやってくれと返され、鬼がとらにつかみかかると、鬼が投げ飛ばされてしまいます。家事をしない大飯ぐらいのとらに、嫌気がさして村へ返そうとした道中、熊に襲われます。鬼が熊に追い詰められた時、とらが熊を投げ飛ばしてやっつけます。腰を抜かした鬼を背負って家に帰り、二人は暮らし続けるという物語です。

◎活動

●豆まき

新聞紙を丸めて豆の代わりを作ります。籠を固定し、豆を投げ入れてもらいます。

籠は人が持って動いてもよいでしょう。

※異食行為のある方には十分配慮をしてください。

※鬼に扮した人が演出するとなお盛り上がります。

＊鬼に関する絵本

『オニたいじ』（竹内通雅：絵　森絵都：文　金の星社）

『いたいのいたいのとんでゆけ』（野村たかあき：絵　新井悦子：文　すずき出版）

『すみ鬼にげた』（松村公嗣：絵　岩城範枝：文　福音館書店）

『ソメコとオニ』（滝平二郎：絵　斎藤隆介：文　岩崎書店）

『おにたのぼうし』（いわさきちひろ：絵　あまんきみこ：文　ポプラ社）

『桃太郎』（齋藤五百枝：絵　千葉幹夫：文　講談社）

『島ひきおに』（梶山俊夫：絵　山下明生：文　偕成社）

『いっすんぼうし』（森田幹夫：絵　宇津木秀甫：文　民話ブックス）
『かえるをのんだととさん』（斎藤隆夫：絵　日野十成：再話　福音館書店）
『こぶじいさま』（赤羽末吉：絵　松居直：再話　福音館書店）
『こぶとりたろう』（杉浦範茂：絵　たかどのほうこ：文　童心社）

3　三月

実践例21

＊テーマ「卒業・別れ」
＊目標　人生で積み重ねてきた出会いと別れのシーンを思い出し語ってもいます。
＊プログラム
◎導入
春の訪れと共に、別れの季節でもあることを伝えます。現代の卒業式事情なども伝えると新たな発見があるかもしれません。

◎展開

①『ヤクーバとライオンⅠ　勇気』（ティエリー・デデュー：作　柳田邦男：訳　講談社）

〈あらすじ紹介と一部読み語り〉

子どもからの卒業の儀式の物語です。アフリカの小さな村で成長した少年たちが戦士になるお祝いの祭りの日を迎えます。一人でライオンを倒せば皆に祝福され戦士となり、倒せなければ、村のはずれで牛たちの世話をしなければなりません。傷ついたライオンが二つの道をヤクーバに問います。本当の名誉とは何かを問いかける一冊です。

★ライフサイクル

②『ラヴ・ユー・フォーエバー』（梅田俊作：絵　ロバート・マンチ：作　乃木りか：訳　岩崎書店）

〈あらすじ紹介〉

何歳になっても母親が息子に語りかける「アイ・ラブ・ユーいつまでも、アイ・ラブ・ユーどんなときも、わたしがいきているかぎりあなたはずっとわたしのあかちゃん」。その言葉を繰り返しながら成長を見守ります。年老いた母に息子が同じ言葉を語りかけます。

★人生の選択　認知症の妻が入院する日

③『よかったなあ、かあちゃん』（伊藤秀男：絵　西本鶏介：文　講談社）

〈あらすじ紹介と一部読み語り〉

男の子三人が、見知らぬ老夫婦との二度の出会いの中で、認知症のおばあさんとの関係を作る物語です。二度目に出会ったのは、おばあさんが入院する日でした。男の子たちはおばあさんのむすこの思い出の品を受け取り、別れ際に「かあちゃん」と叫びます。別れを通して大切なものを届けてくれる一冊です。

★認知症の祖母の入所

④『大好きだよキヨちゃん』（藤川幸之助：作　クリエイツかもがわ）

〈あらすじ紹介と一部読み語り〉

認知症のおばあちゃんと孫のこうちゃんとのやりとりが描かれています。大嫌いだったおばあちゃんを大好きになっていくこうちゃん。おばあちゃんが施設に入所することになります。その後こうちゃんは毎日施設に通います。こうちゃんをエレベーター前で見送ったあと、キヨちゃんは二時間扉を見つめるそうです。作者の介護体験の中からのメッセージが込められた絵本です。

★人生の転機

⑤『おおきなおおきな木』（いもとようこ：絵　よこたきよし：文　金の星社）

〈あらすじ紹介〉

大きな木のうろに色々な動物がやってきます。それぞれに抱える悩みを解決して帰っていきます。大きな木が生まれ変わるまでの時間の中での別れから多くを感じてもらえるよう届けます。

◎活動

●歌「仰げば尊し」「蛍の光」

＊別れに関する絵本

『わすれられないおくりもの』（スーザン・バーレイ：作　小川仁央：訳　評論社）

『ずっとそばに』（いもとようこ：作　岩崎書店）

『かぜのでんわ』（いもとようこ：作　金の星社）

『伏してぞ止まんぼく、宮本警部です』（竹中俊裕：絵　山口秀範：文　高木書房）

『小学生のボクは、鬼のようなお母さんにナスビをうらされました。』（筒井則行：絵　原田剛：文　ワイヤーオレンジ）

『おばあさんのしんぶん』（松本春野：文・絵　岩國哲人：原作　講談社）
『おおきな木』（シェル・シルヴァスタイン：作　本田錦一郎：訳　篠崎書林）
『はなちゃんのみそ汁』（魚戸おさむ：作　安武信吾・千恵・はな：原作　講談社）
『であえてほんとうによかった』（宮西達也：作　ポプラ社）
『かたあしだちょうのエルフ』（おのきがく：作　ポプラ社）
詩集『くじけないで』（柴田トヨ：著　飛鳥新社）
『千の風になって』（佐竹美保：絵　新井満：文　理論社）
詩『千の風になって』（新井満：日本語詩　原詩：作者不明　講談社）
詩『手紙～親愛なる子供たちへ～』（原作詞：不詳　角智織：日本語訳詞　樋口了一：日本語補足詞　角川書店）

4　四月

実践例22

＊テーマ「出会い」

＊目標　年度始まりや、新しい出会いに心弾む季節を味わいます。

＊プログラム
◎導入
入学式や入社式のニュースなどを伝え、新年度のワクワク感を届けます。
◎展開
①『はなをくんくん』（マーク・シーモント：絵　ルース・クラウス：文　きじまはじめ：訳　福音館書店）
〈あらすじ紹介〉

動物が冬眠から、はなをくんくんさせながら、雪の中に咲く一輪の花を見つける話です。春を運んできてくれた一輪の花との出会いを一緒に喜びましょう。
★友達との出会い
②『きりかぶのともだち』（なかやみわ：作　偕成社）
〈読み語り〉
切り株が木だったころを懐かしみ今の寂しさを感じている時、隣にたんぽぽが咲きました。切り株が声をかけると意地悪く答えるので、いつもけんかをしていました。たんぽぽが綿毛を飛ばしていなくなり、切り株は清々しますが、季節の移り変わりとともに誰とも話していないことがとても寂しく思えてきます。春になり、「いつまでねむっているのさ」と声が聞こえ、目を開けるとたんぽぽがたくさんの友達を連れて帰ってきていました。友達の存在のありがたさを語りかけましょう。

★事件との出会い――岡っ引親分と犯人

③『くものすおやぶんとりものちょう』（秋山あゆ子：作　福音館書店）

〈あらすじ紹介と一部読み語り〉

リズミカルな言葉で展開していく捕物帳の物語です。くもの親分が盗人のガのかくればね三兄弟を捕まえ、更生させる話です。時代劇風に演じて楽しみましょう。

★人と物と心の出会い

④『しあわせの石のスープ』（ジョン・J・ミュース：作　三木卓：訳　フレーベル館）

〈あらすじ紹介〉

三人のお坊さんが旅をしながら、人を幸せにするものは何かを見つけに行きます。

ある村に着きました。村人はよく働きましたが、それは自分のためだけでした。お坊さんたちは石のスープを作り始めます。窓からのぞいている村人たちも一人また一人とお坊さんの要望に応えて道具や調味料や食材を運んできます。出来上がったスープや持ち寄った物を村人みんなでいただき宴会をし、楽しい時間を過ごします。次の朝、お坊さんたちを見送りに集まってきました。分かち合うことが心を豊かにすることを教えてくれる絵本です。

◎活動

●歌「一人の手」

一人ずつに歌詞を配り、音読します。次に曲をつけて歌います。

＊出会いに関する絵本

『ねずみのよめいり』（金井田英津子：絵　小澤俊夫：再話　くもん出版）

『スーホの白い馬』（赤羽末吉：絵　大塚勇三：再話　福音館書店）

『しあわせのおうじ』（オスカー・ワイルド：作　牧野鈴子：絵　木村由利子：訳　ひかりのくに）

『花のかみかざり』（いもとようこ：作　岩崎書店）

『くまのこうちょうせんせい』（いもとようこ：絵　こんのひとみ：作　金の星社）
『ブレーメンの音楽たい』（「グリム童話」より　和歌山静子：絵　寺村輝夫：文　小学館）
『たいせつな　きみ』（セルジオ・マルティネス：絵　マックス・ルケード：文　ホーバード・豊子：訳　フォレストブックス）
『星の王子さま』（サンテグジュペリ：作　池澤夏樹：訳　集英社）
『ひびわれ壷』（菅原裕子：訳　二見書房）
『HUG！friends　まずはハグしよう。』（丹波暁弥：写真　ひすいこたろう：文　小学館）
『エリカ奇跡のいのち』（ロベルト・インノチェンティ：絵　ルース・バンダージー：文　柳田邦男：訳　講談社）

5　五月

実践例23

＊テーマ「端午の節句・こいのぼり」

＊目標　行事の由来や風習を聞き手に教えてもらったり、絵本で伝えます。自分自身の子どもの頃の思い出や、子や孫育ての思い出を語ってもらいます。

＊プログラム

◎導入

歌「こいのぼり」（屋根より高いこいのぼり……）を歌い季節感を味わいます。

◎展開

①『げんきにおよげ　こいのぼり』（福田岩緒：絵　今関信子：文　教育画劇）

〈あらすじ紹介〉

屋根より低いこいのぼりと歌い出すお兄ちゃんの間違いを正すため、先生に質問をすると、由来を教えてもらうという行事絵本です。

★こいのぼり

②『ワニぼうのこいのぼり』（高畠純：絵　内田麟太郎：文　文渓堂）

〈あらすじ紹介〉

ユニークな絵本です。子どもにこいのぼりを買ってきたお父さんが、空を泳ぐこいのぼりを見て自分もこいのぼりのように泳ぎ出します。ワニのぼりを見て猫のぼり、犬のぼり、豚のぼり……町中に色々な動物のぼりが泳ぎ出します。

★端午の節句

③『5月の絵本』（長谷川康男：監修　PHP研究所）

〈内容紹介〉

端午の節句に関するページを開き、五月人形や背くらべ、菖蒲湯や柏餅、各地の子どもの日の行事のページを紹介します。端午の節句クイズを出題したり、思い出話を語ってもらいます。

◎活動

●折り紙　こいのぼり・かぶと作り

※聞き手の身体的状況や認知状況に合わせ、どの工程をしてもらえるかを判断し、準備を行ってください。また、折ることが難しい場合は、貼り絵など多人数で一つの作品を完成させてもよいでしょう。

6　六月

実践例24

＊テーマ「田植え」

＊目標　絵本から懐かしい田園風景を感じ取り、思い出話を語ってもらいます。

＊プログラム

◎導入

田んぼに水が張られ、田植えをしている田が増えてきた状況を伝え、田植えの時期のイメージを作ります。

◎展開

①『おじいちゃんちのたうえ』（さこももみ：作　講談社）

〈あらすじ紹介〉

おじいちゃんの家の田植えを息子家族が手伝い、孫視点で作文のように描かれた

絵本です。田植えの仕方や苦労話など里山の風景と共に届けます
★棚田
②『棚田を歩けば』（青柳健二：写真・文　福音館書店）
〈春の場面の読み語り〉

四季の棚田が描かれた写真絵本です。この時期は春の棚田に焦点を当てて読み語ります。
★棚田
③『日本の名景　棚田』（森田敏隆：著・写真　光村推古書院）
〈内容紹介〉

日本の棚田百選の写真集です。美しい棚田を楽しみます
★米
④『ごはん』（辻川牧子：作　博進堂）
〈あらすじ紹介〉

ご飯茶碗一杯分に何粒のコメが入っているでしょうか？　米の歴史、ご飯の炊き方など色々な知識が得られる一冊です。ご飯の窯での炊き方は、聞き手から火加減を歌で教えてもらいましょう。

★おむすび

⑤『おむすびころりん』（いもとようこ：作　金の星社）

〈参加型読み語り〉

聞き手にも参加してもらいながら、皆で一冊を読み語ります。

◎活動

●『おむすびころりん』の文中に出てくる「おむすびころりん　すっとんとん　もひとつ　たべたい　すっとんとん」などの♪印の付いている、ねずみたちが歌う部分を模造紙に書いておき、前に提示します。語り手の合図で音読してもらうよう伝え、練習をします。その後読み語りを一緒に進めていきます。

7　七月

実践例25

＊テーマ「七夕」

＊目標　七夕の由来を伝え、夜空に思いをはせて願い事を考えてもらいます。
＊プログラム
◎導入
七月といえば、お中元を送ったり、海開きや山開きがあったり各地で祭りが行われたりすることを伝え、七月七日は何の日かを尋ねます。
◎展開
①『たなばたものがたり』（二俣英五郎：絵　舟崎克彦：文　教育画劇）
〈あらすじ紹介〉

中国で生まれた伝説で、七夕の由来を届ける絵本です。織姫とひこ星の一年に一度しか会えないロマンスを楽しみましょう。
★七夕の願い事
②『ひ・み・つ』（たばたせいいち：作　童心社）
〈あらすじ紹介と一部読み語り〉
七夕の日が誕生日のしんばあちゃんの願いを、孫のゆう君がかなえる物語です。
四十年前に他界したおじいちゃんに会ってダンスがしたいというしんばあちゃん

の夢がかないます。二人の手紙のページは読み語ります。聞き手にとっての「ひみつは……」と問いかけるように届けます。

★星空

③『ほしのはなし』（北野武：作　ポプラ社）

〈仕掛け絵本紹介〉

お茶の間で知られる北野武が、「人はみんな自分の星を持っているんだ」。というメッセージを込めて作られた初絵本です。聞きながら語る仕掛け絵本で、最後に満点の星が輝く夜空が出来上がります。

★星空

④『ほしにむすばれて』（えびなみつる：絵　谷川俊太郎：文　文研出版）

〈あらすじ紹介と一部読み語り〉

夜空を通して孫が語る、おじいちゃんの一生と思い出のお話です。夜空が語りかけてくる一冊です。

◎活動

●七夕の短冊、飾りづくり

飾りづくりの折り紙や、短冊、こよりなどの材料と、文具を用意し、聞き手の状態に合わせた作業を提供します。

*夜空に関する本
『星どろぼう』（アーノルド・ローベル：絵　アンドレア・ディノト：文　八木田宜子：訳　ほるぷ出版）
『星座の神話がわかる本』（藤井旭：著　誠文堂新光社）
『星空の話』（関口シュン：作　福音館書店）
『星の王子さま』（アントワーヌ・ド・サンテグジュペリ：著　池澤夏樹：訳　集英社）

8　八月

実践例26

*テーマ「祭り」
*目標　地域や思い出のお祭りを語ってもらいます。

＊プログラム
◎導入
地域で行われるお祭りや懐かしのお祭りを教えてもらいます。
◎展開
①『おみやとおまつり』（秋里信子・久保田煦：絵　長谷川義高：文　大阪府神社庁）
〈内容紹介〉
色々なお祭りの種類と意味を紹介します。
★日本の祭り
②『日本の祭り⑥　近畿Ⅱ』（岩井宏實：編著　講談社）
〈内容紹介〉

全国シリーズで春夏秋冬の地域別の祭りの写真と解説が記されています。介護のブックトークを実施する地域に関する祭りや、近隣の地域で行われる祭りを取り上げて紹介し、思い出話や苦労話を教えてもらいます。
★祭りのほかの楽しみ
③『8月の絵本』（長谷川康男：監修　ＰＨＰ研究所）

〈部分紹介　夏祭り〉
露店や屋台、浴衣など祭りに付属する思い出を教えてもらいます。過去と現在の比較をしてもよいでしょう。
★子どもと祭り
④『絵で読む　子どもと祭り』（西村繁男：作　福音館書店）
〈内容紹介〉

子どもが参加する祭りの絵本です。内容を紹介していく中で、聞き手の子ども時代や子育て時代のお祭りの楽しみ方を語ってもらいます。
★実際に行われる祭り
⑤『てんまのとらやん』（奥田恒夫：絵　宇津木秀甫：文　民話ブックス社）
〈読み語り〉

大阪天神祭りの前日におこるとらやんのホラ吹き冒険話です。軽快な大阪弁で語ります。実施地域になじみのある祭りの本を、紹介または読み語ってください。
◎活動
●童謡・唱歌「村祭」
歌を歌いながら、楽器を演奏してもらったり、おみこしを担ぐ動作などを入れながら歌ったり、輪唱したり工夫して祭りの雰囲気を作り楽しみます。

＊祭りに関する本

『なんででんねん天満はん』（長新太：絵　今江祥智：文　童心社）

『むら祭り　むらの仕来たり（２）』（熊谷元一：絵　飯田中央農協組織広報課：文　農山漁村文化協会）

『まつり』（いせひでこ：作　講談社）

『祇園祭　新版』（田島征彦：作　童心社）

『さかさまつり』（つきおかゆみこ：作　佼成出版社）

『えんにち奇想天外』（つちだのぶこ：絵　齋藤孝：文　ほるぷ出版）

『おぼんぼんぼんぼんおどりの日！』（たちもとみちこ：絵　ますだゆうこ：文　文渓堂）

9　九月

実践例27

＊テーマ「お月見」

＊目標　一年で最も月がきれいな夜とされている中秋の名月を味わいます。

＊プログラム

◎導入

十五夜の情報を伝え月に興味を持ってもらいます。お月見の準備や仕方を教えてもらい、思い出を語ってもらいましょう。

◎展開

①『かぐやひめ』（金斗鉉：絵　舟崎克彦：文　小学館）

〈あらすじ紹介〉

日本最古の作者不明の物語を届けます。表紙から色彩豊かできれいなお月様が描かれています。

★ちょっと変わった竹取物語

②『かえるの竹取ものがたり』（斎藤隆夫：絵　俵万智：文　福音館書店）

〈内容紹介〉

絵が人間ではなく、かえるが擬人化されています。本のサイズが大きく平安時代を感じながら物語を楽しむことができます。結末は、かぐや姫が月に帰ってから、残された帝がかぐや姫から送られた手紙も不死の薬も、月に一番近い山で燃やしたとされ、「不死の山」がいつしか「ふじさん」といわれるようになったと語られています。「日本で月に一番近い山はどこでしょう？」とクイズにしてもよいでしょう。

★月への思い

③『パパ、お月さまとって！』（エリック＝カール：作　もりひさし：訳　偕成社）

〈あらすじ紹介〉

娘にせがまれ月を取りに行くお父さん。月の満ち欠けの様子と女の子の思いが語られる仕掛け絵本です。

★月を見る

④『ばしょうさんとおばすて山の月』（すずき大和：著　さらしな堂）

〈あらすじ紹介　俳句の読み語り〉

松尾芭蕉が残した紀行文「更科紀行」が絵本化されました。長野県千曲市の姨捨《おばすて》は、月を美しく見せる空間として人気の「田毎《たごと》の月」が見られることで有名な地区で、芭蕉と一緒に旅をしているような雰囲気で物語が進んでいきます。俳句と共に紹介していきます。

★月の海

⑤『月のうさぎ』（岡村好文：絵　瀬戸内寂聴：文　講談社）

〈あらすじ紹介〉

インドの仏陀の前世話（ジャータカ）から選ばれた、月になぜうさぎが住んでいるのかの謎が解ける本です。月の海はモンゴルでは犬、インドネシアでは編み物をする女性と伝えられるなど、外国との違いを届けます。

◎活動

●歌　童謡・唱歌「うさぎ」

＊月に関する絵本

『かぐやひめ』（高橋信也：絵　西本鶏介：文　ポプラ社）

『かぐやひめ』（赤坂三好：絵　谷真介：文　チャイルド本社）

『おつきさまこんばんは』（林明子：作　福音館書店）

『まんまるおつきさん』（さいとうしのぶ：絵　ねじめ正一：文　偕成社）

『14ひきのおつきみ』（いわむらかずお：作　童心社）
『たぬきのおつきみ』（山本孝：絵　内田麟太郎：文　岩崎書店）
『ながいよるのおつきさま』（マーク・シーゲル：絵　シンシア・ライラント：文　渡辺葉：訳　講談社）
『おつきさま』（葉祥明：絵　やすいすえこ：文　フレーベル社）

10　十月

実践例28

＊テーマ「運動会」
＊目標　運動会を思い出し、頑張った自分自身を振り返ってもらいます。施設で行う運動会に向けてのイメージづくりを行います。
＊プログラム

◎導入
運動会で行われる競技種目や、得意種目を質問して、ワクワクした気持ちを味わってもらいます。
◎展開
①『むしたちのうんどうかい』（久住卓也：絵　得田之久：文　童心社）
〈あらすじ紹介〉

虫たちの運動会が展開されていきます。入場行進から始まり、走りっこ競争、ダンゴムシが玉になる玉入れ、蝶のダンス、綱引きなど個性豊かな運動会が行われます。
★徒競走
②『よーいどんけついっとうしょう』（梅田俊作・梅田佳子：作　岩崎書店）
〈あらすじ紹介〉
徒競走前の緊張感を思い出せる一冊です。
★リレー
③『ぼくのジィちゃん』（吉田尚令：絵　くすのきしげのり：文　佼成出版社）
〈あらすじ紹介〉

ＰＴＡクラス対抗リレーに出場予定だったお父さんが仕事で参加できなくなってしまい、ピンチヒッターにじいちゃんが走ることになります。誰もが負けると思っていたのですが大どんでん返しが起きます。格好いいじいちゃんを応援しましょう。

★そのほかの競技

④『よーいどん！』（村上康成：絵　中川ひろたか：文　童心社）

〈始め読み語り　あらすじ紹介〉

冒頭の「いちについて　よーい　うどん」を読み語り、あらすじを紹介します。

◎活動

●借り物競争クイズ

『よーいどん！』の最後の競技である借り物競争を、クイズにして色々な借り物を提示し見つけてもらいます。「どこかな　どこかな」のページを拡大コピーして用意し、聞き手に見つけてもらいます。

＊運動会に関する絵本・紙芝居

『どろぼうがっこうだいうんどうかい』（かこさとし：作　偕成社）

『こぶたはなこさんのうんどうかい』（いけずみひろこ：絵　くどうなおこ：文　童話屋）
『とんぼのうんどうかい』（かこさとし：作　偕成社）
『はしれ、ゴールのむこうまで！』（稲葉卓也：絵　くすのきしげのり：文　講談社）
『おやおや、おやさい』（山村浩二：絵　石津ちひろ：文　福音館書店）
『だじゃれオリンピック』（高畠純：絵　中川ひろたか：文　絵本館）
紙芝居『どきどき運動会』（長谷川知子：絵　ねじめ正一：文　童心社）

11　十一月

実践例29

＊テーマ「新嘗祭《にいなめさい》・勤労感謝の日（十一月二十三日）」

＊目標「新」は新穂、「嘗」はご馳走を意味し、神様の恵みによって新穂を得たことを感謝するお祭りなどテーマに関わる本を紹介します。

＊プログラム
◎導入
十一月二十三日は、何の日か質問します。新嘗祭は、毎年執り行われている宮中祭祀のことであることを伝えます。戦後、生産を祝い勤労を感謝する勤労感謝の日の祝日に変更されたことを伝えます。
◎展開
①『棚田を歩けば』（青柳健二：写真・文　福音館書店）
〈秋の場面のあらすじ紹介〉
黄金色に染まる田んぼの刈り入れの場面を紹介します。
★新穂を奉納する神様
②『黒い太陽のお話　日食の科学と神話』（佐竹美保：絵　寮美千子：文　小学館）
〈天の岩戸読み語り〉

天照大神にまつわる神話を読み語ります。戦後、神話教育はされなくなりましたが、戦前教育で行われていた神話について高齢の方から学ばせていただきましょう。
★五穀豊穣の祭り

③『自然と踊ろう米まつり』（竹の内淳：作　農山漁村文化協会）
〈あらすじ紹介　一部読み語り〉
一年間を通しての人と米との話です。九月から十一月を読み語ります。自然への感謝を伝えます。
★勤労感謝
④『しごとば』（鈴木のりたけ：作　ブロンズ新社）
〈内容紹介〉
九種類の仕事場を再現した絵本です。聞き手から語られる話を大切に返していきます。
★勤労感謝
⑤『オニのサラリーマン　しゅっちょうはつらいよ』（大島妙子：絵　富安陽子：文　福音館書店）
〈読み語り〉
関西弁で展開される鬼のサラリーマンの仕事ぶりを届けます。
◎活動
聞き手から、今まで経験してこられたお仕事の話を教えてもらいます。会社員として、専業主婦としてなど、頑張ってこられた人生論を語ってもらいましょう。

＊日本神話に関する本
『あまのいわと（日本の神話第2巻）』（赤羽末吉：絵　舟崎克彦：文　あかね書房）
『くにのはじまり』（赤羽末吉：絵　舟崎克彦：文　あかね書房）
『いなばのしろうさぎ』（いもとようこ：作　金の星社）
『やまたのおろち』（伊藤秀男：絵　荻原規子：文　三浦佑之：監修　小学館）

＊仕事に関する本
『メアリー・スミス』（アンドレア・ユーレン：作　千葉茂樹：訳　光村教育図書）
『ルリユールおじさん』（いせひでこ：作　講談社）
『かかしのじいさん』（黒井健：絵　深山さくら：文　佼成出版）
『おふろやさん』（西村繁男：作　福音館書店）
『オニのサラリーマン』（大島妙子：絵　富安陽子：文　福音館書店）

12　十二月

実践例30

＊テーマ「年越し」

＊目標　一年を振り返り締めくくります。

＊プログラム

◎導入

本年のビッグニュースの振り返りや、施設サービスやグループで行った行事の思い出を振り返ります。今年も残り少なくなってきたことを伝え、クリスマスや年越しの話をします。

◎展開

①『いろいろサンタのプレゼント』（しのざきみつお：作　草土文化）

〈あらすじ紹介〉

いろんな色のサンタさんがプレゼントを届ける話です。

★サンタクロース

②『サンタクロースっているんでしょうか?』(東逸子：絵　中村妙子：訳　偕成社)

〈あらすじ紹介〉

一八九七年ニューヨーク・サン新聞の社説に取り上げられた実話です。八歳の少女の「サンタクロースってほんとうにいるんでしょうか?」という質問に、フランシス＝P＝チャーチ記者が愛情をこめて深い返事を出します。あらすじを紹介しながら味わいます。

★日本の年末準備

③『しめかざり』(森須磨子：作　福音館書店)

〈内容紹介〉

しめなわを飾る意味から作り方、色々な形のしめなわを紹介していきます。ご自分で作っておられた方もいらっしゃったら、コツや苦労話をしてもらいます。

★年末準備

④『もうすぐおしょうがつ』(西村繁男：作　福音館書店)

〈あらすじ紹介〉

帰省から始まり、年越しの準備が、懐かしい風景画と共に行われていきます。聞き手に経験や知恵を聞きながら紹介します。

★年越しの日本の昔話

⑤『かさじぞう』（黒井健：絵　松谷みよ子：文　童心社）

〈あらすじ紹介一部読み語り〉

昔話のかさじぞうをじっくり味わいます。しんしんと降り積もる雪の厳しさの中にも心温まる場面を紹介していきます。

◎活動

●歌　童謡「お正月」

●双六ゲーム

＊クリスマスに関する本

『まどからのおくりもの』（五味太郎：作　偕成社）

『くろうまブランキー』（堀内誠一：絵　伊東三郎：再話　福音館書店）

『となかいはなぜサンタのそりをひく？』（アッコ・モロズミ：絵　モー・プライス：文　松野正子：訳　岩波書店）

『マッチうりの女の子』（スベン・オットー：絵　ハンス・クリスチャン・アンデルセン：作　乾侑美子：訳　童話館出版）
『ごろごろどっしーん』（山内ふじ江：絵　西内ミナミ：文　福音館書店）
『ぐりとぐらのおきゃくさま』（山脇百合子：絵　中川季枝子：文　福音館書店）
パラパラブックス『クリスマスの足音』（もうひとつの研究所：著　青幻舎）

三　食に関する介護ブックトーク

食に関する話題は、すべての人においてイメージしやすく、とっつきやすいので、介護ブックトークを始められる方にも行いやすいテーマになります。生きている限り食は切り離せないものですので、旬の食材による季節感を届け、調理の仕方や、美味しく作るためのコツや知恵を高齢の方に教えていただきましょう。また、食の楽しさや栄養の豆知識のほか、水分の大切さといった、日常生活で気をつけることを、介護ブックトークの流れの中で伝えることも工夫してみてください。

実践例31

＊テーマ「美味しい食べ物」

＊目標　絵本を通して、食の楽しさを感じてもらいます。

＊プログラム

◎導入

施設の献立などを利用して、好きな料理や食材を尋ねたり、目で見て味わう食事や、人と一緒に楽しく食べる雰囲気づくりの大切さを伝えます。

◎展開

①『パンめしあがれ』（高原美和：絵　視覚デザイン研究所：作　視覚デザイン研究所）

②『おべんとうめしあがれ』（高原美和：絵　視覚デザイン研究所：作　視覚デザイン研究所）

③『めしあがれ』（高原美和：絵　視覚デザイン研究所：作　視覚デザイン研究所）

〈本の特徴紹介〉

この三冊は、視覚で味わい楽しむために研究された絵本です。色彩豊かな立体感あふれる絵は、本物のにおい、食感をイメージさせ、目で見て美味しく楽しい絵本を届けます。

★料理に一工夫

④『ワニーさんのおまけつきレストラン』（いもとようこ：作　岡本一郎：原案　ひかりのくに）

〈あらすじ紹介〉

ワニーさんのレストランのメニューはちょっと変わっています。メニューに何かおまけがついてきます。とんちがきいていたり、お客様を喜ばせたりとサービス精神旺盛な楽しいレストランに聞き手をご招待ください。

★味のある昆布

⑤『こんぶのぶーさん』（岡田よしたか：作　ブロンズ新社）

〈参加型読み語り〉

昆布のぶーさんが漫才師になることを決意し、相方を探すという話です。

◎活動

●『こんぶのぶーさん』を、聞き手に台詞を語ってもらいながら皆で読み語っていきます。番号をつけた台詞の部分を大きめに書いた紙を、聞き手に配ります。語り手が話を進めながら、番号を示し聞き手に語ってもらいます。ただ読むのではなく演じてくださいとお願いしておくと、個性が輝く素敵な語りを引き出せます。

●口腔パタカラ体操

実践例32

＊テーマ「元気に暮らす」

＊目標　目で見て美味しい絵本を紹介しながら、食べることの大切さを伝えます。

＊プログラム

◎導入

元気に暮らす秘訣を尋ね、あらためて食の大切さを考えてもらいます。

◎展開

①『きょうのごはん』（加藤休ミ：作　偕成社）
〈あらすじ紹介〉

一匹の猫が近所の夕食を偵察に行きます。隣の家から漂ってくるにおいや、団らんの風景を届け、五感を使って感じてもらえるよう、大きくパワーのある絵を存分に味わってもらいましょう。
★栄養価の高い卵
②『あれこれたまご』（中の滋：絵　とりやまみゆき：文　福音館書店）
〈読み語りと料理クイズ〉

生活で大活躍の卵。スーパーにきれいに陳列されている卵の夢物語です。どんな卵料理がお好きかを尋ね、卵が色々な料理に変身していくバリエーションを楽しみましょう。関西弁のリズミカルな文章も魅力です
★植物性たんぱく質・豆腐。
③『おとうふやさん』（飯野まき：作　福音館書店）
〈あらすじ紹介〉

豆腐作りの工程が描かれている絵本です。畑の肉大豆から作られる食品を尋ねながら、栄養の知識も加え届けます。

★動物性たんぱく質・魚

③『おいしい魚図鑑』（加藤休ミ：作　晶文社）

〈本の特徴と内容紹介〉

写真のようにリアルに描かれた魚の図鑑です。思わずつばを飲み込んでしまう美味しそうな食材が食欲をそそります。十分に絵を楽しんでもらいましょう。

★元気の源・肉

④「よくばりな犬」（いたやさとし：絵　よこたきよし：文『読み聞かせイソップ50話』より　チャイルド本社）

〈読み語り〉

人間の三大欲求である食欲。欲張りな気持ちは誰しもが持っていますが、欲があだとなる話をゆっくり読み語ります。飽食の時代の日本で、低栄養の人が増えている現状と注意することを伝えます。

★感謝していただく

⑤『いのちをいただく　みいちゃんがお肉になる日』（魚戸おさむとゆかいななかまたち：絵　内田美智子：文　坂本義喜：原案　講談社）

〈あらすじ紹介〉

酪農家で飼われていた一頭の牛が成長し、食肉として人間がいただくまでのお話です。と殺で揺れる立場のちがいでおこる気持ちや、「いただきます」の大切な意味を教わります。聞き手の生活や習慣と結びつけ、食の大切さとありがたさを実感していただけるよう届けます。

◎活動

●焼肉ゲーム

焼肉の食材のサンプルを用意します。紙粘土で、肉、ウインナー、ピーマン、かぼちゃなどを作ります。焼肉の網を厚紙とアルミ箔で作ります。焼き網に食材を載せるゲームです。

①食材に点数を付け、時間を制限して積み上げた分を点数化する
②できるだけたくさんの食材を積み上げる数の多さで競う
③決まった個数をすべて載せる

といったルールでもよいでしょう。聞き手の身体状況に合わせ、体や指先を動かし、達成感が味わえるよう工夫します。

実践例33

＊テーマ「米」

＊目標　ほぼ毎日口にする主食であるお米についての知識を、じっくり味わいます。

＊プログラム

◎導入

田植えの時期や、新米がでまわる時期などに合わせ、日常の風景や買い物事情など生活に関連させてお米・ご飯をイメージしてもらいます。

◎展開

①『棚田を歩けば』（青柳健二：作　福音館書店）

〈内容紹介〉

田植えの時期であれば春の場面、収穫の時期であれば秋の場面を取り上げます。日常で目にする田んぼの様子なども届けながら、意識して外の風景を楽しんでもらうことも促します。

★田んぼを守るかかし

②『かかしのじいさん』（黒井健：絵　深山さくら：文　佼成出版社）

〈あらすじ紹介と一部読み語り〉

田んぼを舞台に繰り広げられる、かかしのじいさんとすずめたちとのやりとりがわかりやすく親密感が湧きます。頑固なじいさんの優しさが光る一冊です。秋の刈り入れ前の黄金色も鮮やかで、季節を味わってもらいましょう。現代のかかしコンテストなどのニュースなどを届けても楽しいでしょう。

★収穫と美味しいご飯

③『ごはん』（辻川牧子：作　博進堂）

〈あらすじ紹介〉

「お茶碗一杯の中にある米粒は何粒でしょう?」など毎日目にしているもののあまり意識しないことに気づかせてくれる発見の多い本です。美味しいご飯の炊き方などを聞き手に教わりながら進めます。

★おにぎり

④『おむすびころりん』（いもとようこ：作　金の星社）

〈あらすじ紹介〉

おにぎりの思い出はどのような形、味かを尋ねます。おにぎりが引き金となって展開する昔話の世界を楽しんでもらいましょう。

★脱穀後のワラ

⑤『村を守る、ワラのお人形さま』（宗形慧：文・写真『たくさんのふしぎ』二〇一四年十一月号　福音館書店）

〈内容紹介〉

脱穀後のワラを使って、村人が協力して守り神を作る話です。ワラのエネルギーと受け継がれていく技に、大切な何かを感じる話です。個性あふれる人形の姿も楽しめます。

◎活動

●米クイズ

各本の紹介の中で、内容に沿ったクイズを出題し、答えてもらいます。

●歌

ご飯の炊き方の歌を歌ったり、かかしの歌を歌うのもよいでしょう。

実践例34

＊テーマ　「おにぎり」

＊目標　おにぎりに関する色々な本を紹介しながら、思い出のおにぎりや作ってくれた人を思い出し語ってもらいます。

＊プログラム

◎導入

①『おべんとうばこのうた』（さいとうしのぶ：作　ひさかたチャイルド）

短時間で届けられる本を導入で使用し、イメージ作りにつなげます。

〈読み語りと手遊び歌〉

お弁当に入っていたおにぎりを思い出してもらうため、お弁当ができていくお話を読み語ります。次に曲があることを伝え手遊びを紹介します。そして、一緒に手を動かしてもらい、心と体をほぐしてもらいます。

◎展開

②『おべんとうめしあがれ』（高原美和：絵　視覚デザイン研究所：文　視覚デザイン研究所）

〈内容紹介〉

色々な種類のお弁当が出てきます。中身はもちろんお弁当箱なども懐かしいものや今どきの物が描かれていますので、合わせて紹介します。

★おにぎりの色々

③『にっぽんのおにぎり』（白央篤司：作　理論社）

〈内容紹介〉

四十七都道府県の各地方の代表のおにぎりが写真と説明付きで紹介されています。ボランティア活動の所在地域のもの、周辺の他県や、聞き手の出身地のおにぎりを紹介しながら、視覚でも楽しみます。

★食とおにぎりのパワー

④『初女さんのおにぎり』（原年永：絵　佐藤初女・木戸俊久：文　木戸出版）

〈あらすじ紹介〉

佐藤初女さんが「森のイスキア」という宿泊施設の営みの中で作られた実話絵本です。初女さんの紹介や、イスキアの活動を届け、食の力を感じていただけるよう紹介していきます。

★現代版おにぎり

⑤『おにぎらず』（しらいしやすこ：著　宝島社）

〈内容紹介〉

近年、握らないおにぎりが流行っています。作り方や形、付属のグッズなどを紹介し、今までとの比較をしたり、感想をお聞きします。

★美味しいおにぎりのスパイス

③『おにぎりのひみつ』（かとうまふみ：作　フレーベル館）

〈あらすじ紹介〉

行列のできるおにぎり屋さんのおにぎりがどう作られていて、美味しいのか、秘密を探る話です。仕掛け絵本になっています。おにぎりの色々な形が出てきますので、聞き手のなじみのある形を尋ねます。

◎活動

- 歌「おべんとうのうた」手遊び
- おにぎり作り

準備物

①軽くて扱いやすい紙粘土を用意します。手が汚れないようにおにぎり一個分を透明のナイロン袋に入れ空気を抜いて縛ります。袋の不必要部分はできるだけ短くカットしておきます。

②黒画用紙を、巻き海苔サイズに切ります。画用紙の片面に、両面テープを貼っておきます。

聞き手に①を手渡し、好きな形に握ってもらいます。形ができれば、②を渡し、好きなように巻いてもらい、おにぎりを完成してもらいます。

実際に行った時、思い出の形や海苔の巻き方が色々出てきました。意外に男女を問わず、個性的に仕上げてくださいました。異食される方は、手渡し方に注意してください。

実践例35

＊テーマ「お茶」

＊目標　毎日飲んでおられるお茶を、より美味しく飲んでもらえるように興味を引き

出し、介護ブックトーク中や実際のお茶の時間も他者と交流しながら楽しんでいただきます。

＊プログラム
◎導入
お茶の種類を尋ねたり、お好みのお茶をお聞きします。新茶の季節は新茶の便りを紹介します。
◎展開
①『もくもくやかん』（かがくいひろし：作　講談社）
〈あらすじ紹介と参加〔深呼吸〕〉

日照り続きの暑い中、色々な形のやかんたちが、お湯を沸かし水蒸気を発生させて、雨を降らせる絵本です。躍動感あふれる絵を楽しみながら、聞き手にも水蒸気を発生させるお手伝いをしてもらいます。「おおきく　いきを　すってー」「ためて」「だして」の場面で、深呼吸（腹式呼吸）をしてもらいましょう。
★お湯が沸いたのでお茶を入れます
②『このすしなあに』（塚本やすし：作　ポプラ社）

〈内容紹介〉

色々な種類のお寿司が紹介される本です。最後の裏表紙に「あがり」が湯気をたてて登場します。「お寿司の最後に出されるお茶を何というでしょう?」と質問します。

★お茶について

③『茶の絵本』(山福朱実:絵　増澤武雄:文　農山漁村文化協会)
〈内容紹介〉

お茶の歴史から、製造方法、自宅での茶の煎り方まで教えてくれる科学絵本です。実際の色々な茶葉を用意し、香りも楽しんでもらいます。

★お茶のおとも

④『和菓子と日本茶の教科書』(新星出版社編集部:著　新星出版社)
〈内容紹介〉

和菓子の歴史や、京都の和菓子、風物詩を彩る和菓子、全国の厳選銘菓、日本茶の基礎知識を教えてくれる一冊です。ぜいたくなひと時を楽しみましょう。

★お茶への誘い

⑤紙芝居『お茶にしましょ』(菅野博子:絵　遠山昭雄:監修　雲母書房)

〈語り〉

聞き手にしりとりをしながら参加してもらい、進めていく紙芝居です。懐かしい家財道具や、お茶菓子の色々が出てきます。最後は美味しいお茶に茶柱が立ち、ほっこりとした雰囲気が味わえます。施設サービス中であれば、実際のおやつの時間前に実践し、楽しい雰囲気の中で実際のティータイムを過ごしていただきましょう。

◎活動

●おまんじゅうはどこクイズ

同色の紙コップを五個とお手玉一個を準備します。いずれか一つのコップに、和菓子に見立てたお手玉を隠しシャッフルして、当ててもらうゲームです。

●歌　手遊び「茶摘み」

実践例36

＊テーマ「水」

＊目標　高齢期は脱水・熱中症などを起こしやすいですが、トイレの回数が増えるという理由で、日中水分を控える人がいます。足がこむら返りを起こしたり、意識がはっきりしないなどの原因の一つにも水分不足が関係しています。日常生活で意識してしっかり水分をとっていただくように促します。また、生活の中での水の働きや重要性を理解してもらいます。

＊プログラム
◎導入
聞き手が一日にどれくらいの水分量をとっているか尋ねます。水に関する絵本を紹介しながら、水の大切さを考えてもらうよう伝えます。
◎展開
①『日本の名景　水』（森田敏隆・著　光村推古書院）
〈内容紹介〉

日本の名水百選に選ばれている名所の写真集です。美しい自然の風景と水のパワーを感じることができる一冊です。
★水を作る雨

②『ダンデライオン』（ドン・フリーマン：作　アーサー・ビナード：訳　福音館書店）
〈あらすじ紹介〉

パーティーに招待されたライオンは、会場宅に行くまでに色々な店に入り、着飾っていきます。その姿で訪ねると普段とあまりにも違ったために、誰なのかわかってもらえませんでした。町を一人歩いていると雨にうたれ、着飾ったものはすべてだいなしになってしまいます。濡れたからだを乾かすために座った階段の下にタンポポが咲いていて、それを積んで再びパーティー会場宅を訪問すると、皆が歓迎してくれるという話です。

余談になりますが、私とアーサー・ビナードとの出会いは、ボランティア訪問先で利用者の好きな作家さんということで紹介していただきました。
★干ばつと洪水
③『ものまねカッパ』（清水貴美子：作　海風社）
〈あらすじ紹介と一部読み語り〉

水の災害などの話題を提供し、本の紹介を始めます。人間になりたいカッパが、良かれと思ってしたことが大変な干ばつを招いてしまいます。村人に罰を与えられ、弱りきっていたところを、村のおじいが助けます。時が過ぎ台風の時、洪水を止めるために命がけで一役買ったのがカッパでした。おかげで田んぼも家も流されずにすんだという話です。おじいとカッパのやりとりが心を動かす物語を届けます。

★魔法の水

④『わかがえりのみず』（若葉珪：絵　間所ひさこ：文　チャイルド本社）

〈あらすじ紹介〉

炭焼きに出たおじいさんが、帰り道に泉の水を飲むと、若返り家に帰りました。おばあさんに話をし、次の日おばあさんが泉の水を飲みました。日暮れになってもおばあさんが帰ってこないので、おじいさんが探しに行くと、泉のそばにおばあさんの着物がおいてあり、赤ん坊がいたという話です。聞き手に「みなさんは、この水を飲みますか？」と投げかけ語り合ってみましょう。

★大切な水

⑤『水を食べる』（ひろのみずえ：絵　足立己幸・越智直実：文　大日本図書）

〈内容説明〉

水も大事な栄養素としてとらえ、体内での役割や、安全な水について書かれた科学絵本です。当たり前すぎて日常ではあまり意識しない水の大切さについて考えてもらいます。

◎活動

●必要水分量を伝えます。一日の水分摂取量の目安として一五〇〇ミリリットルとされていることを伝え、実際に視覚でとらえられるようペットボトルや、コップなどを用意して実感してもらいます。一度には飲めないので、生活活動の合間に少しずつ飲むように心がけ、回数を多くしてもらうことを伝えます。

四　体に関する介護ブックトーク

毎日付き合っている自分自身の体のことに意識を向け、体が生活の資本であることを考えてもらうきっかけを作っていきます。

実践例37

＊テーマ「見る」

＊目標　見ることを色々な角度から考え、日常生活に活かしてもらいます。

＊プログラム

◎導入

人は物事を目と心で見ています。絵本を紹介しながら色々な見方を楽しんでもらいます。

◎展開

①『カエルの目だま』（大野八生：絵　日高敏隆：文　福音館書店）

〈あらすじ紹介〉

トノサマガエルは自分の目を世界一と自慢します。が、ギンヤンマやミズスマシの目のことを知り落ち込みます。動物の目は生きるための工夫がなされていることを教えてくれる一冊です

★人間以外の動物はどう見えている。

②『動物の見ている世界』（ギヨーム・デュプラ：作　渡辺滋人：訳　創元社）

〈内容紹介〉

最新の研究成果に基づき作られた視覚絵本です。同じ風景をそれぞれの動物がど

のように見ているかを体感できる仕掛け絵本の図鑑です。大判絵本で迫力があり、色々な種類の動物が出てくるので、驚きと発見をたくさん感じてもらいます。

★心の目

③『1こでも100このりんご』（井上正治：作　岩崎書店）

〈あらすじ紹介〉

果物屋さんに飾られている一個の真っ赤なリンゴを見ても、人それぞれで見方も思いも違うという話です。読み始め前に、実物のりんごを見てもらい、何を思ったか聞いてみましょう。

★見える世界と心の目

④『しあわせのおうじ』（オスカー・ワイルド：作　牧野鈴子：絵　木村由利子：文　ひかりのくに）

〈あらすじ紹介と一部読み語り〉

しあわせのおうじの像が立っていました。渡り鳥のつばめが一夜を過ごすため像の足元で眠ろうとすると、おうじの涙が降ってきます。町中の悲しい出来事を見て王子は心を痛めていました。おうじは困っている人を助けるために自分の身を削っていくというお話です。じっくり物語を届けていきます。

⑤『目でみる漢字』（山出高士：写真　おかべたかし：文　東京書籍）

〈クイズ〉

◎活動

●漢字読みクイズや、象形文字クイズをします。例えば「虫偏に義と書いて何と読むでしょう？」と質問し、答えを出してもらいます。蟻がなぜ列をなして進めるのかなどの話を紹介します。ほかには、「『旦』の日の下の一は何を表しているでしょう？」などと尋ねます（答えは地平線です）。このように本の内容をクイズにして目で見て感じて楽しみましょう。

実践例38

＊テーマ「手」

＊目標　生活で何をするのにも使う手にスポットを当てた話を紹介し、手の大切さを実感してもらいます。

＊プログラム

◎導入

私たちが毎日お世話になっている手にちなんだ本を紹介していくことを伝え、自分の手を改めて見てもらい大切に思ってもらいます。

◎展開

①『ええところ』（ふるしょうようこ：絵　くすのきしげのり：文　学研）

〈あらすじ紹介と一部読み語り〉

小学生のあいちゃんは、自分にええところがないと悩み、友達のともちゃんに相談します。ともちゃんが見つけてくれたあいちゃんのええところは、手が温かいことでした。自分のええところをさがしたくなる一冊です。自分自慢を語ってもらいましょう。

★手作業

②『きいちゃん』（多田順：絵　山元加津子：文　アリス館）

〈あらすじ紹介〉

小さい時に高熱が出て、手足が不自由になったきいちゃんが、高校生の時、お姉さんが結婚することになりました。きいちゃんは、お姉さんのために浴衣を縫いプレゼントをするという話です。手作りの温かさと、家族愛にあふれた絵本をじっくり届けます。

★手から離れるもの

③『安寿と厨子王丸』（須藤重：絵　千葉幹夫：文　講談社）

〈あらすじ紹介〉

島流しにあった父に会いに母と娘の安寿、息子の厨子王丸が旅に出ました。旅先でやさしくしてもらった山岡太夫は、この三人を人身売買し、親子別れ別れになってしまいます。それぞれ苦労をしながらも、親子の再会を果たすという話です。親子の分かれ際、別々の船に乗らされ、手を伸ばしても届かない悔しさと、再会時、悲しみで涙を流しすぎ、失明してしまった母と手を取り合う場面が心を打ちます。

★手を合わせて拝む

④『ねずみきょう』（高見八重子：絵　こわせたまみ：文　すずき出版）

〈あらすじ紹介と一部読み語り〉

おじいさんの命日にお経をあげられないで心を痛めているおばあさんのところに、一人のお坊さんが訪ねてきました。喜んだおばあさんは、お経を唱えてもらうよう頼みますが、偽のお坊さんは困ります。困った偽のお坊さんは、目の前に出てきたねずみの様子をお経のようにして唱えます。おばあさんはそのお経をずっと唱え続けます。ある日の夜、泥棒がやってきましたが、おばあさんは知らないまま、お経の力によって見事追い返すという話です。聞き手と一緒にねずみ経を読み語るのもいいでしょう。

★手の機能性

⑤『クイズ　どうぶつの手と足』（薮内正幸：絵　河合雅雄：文　福音館書店）

〈内容紹介〉

色々な動物の手と足がクイズ形式で紹介されます。なじみのある動物の手の意味と使い方をクイズで楽しみます。

★魅力的な手

⑥『ハルばあちゃんの手』（木下晋：絵　山中恒：文　福音館書店）

〈あらすじ紹介〉

ハルさんという女性の人生が、ほくろのある手を主役にして描かれた絵本です。鉛筆で描かれる白黒の絵の中に謎の赤い光が出てくる特徴のある絵とともに、人生をじっくり味わえるよう届けます。

◎活動
●歌「一人の小さな手」
●歌・手遊び「幸せなら手をたたこう」

＊体に関する絵本
『からだのみなさん』（五味太郎：作　福音館書店）
『しゃっくりがいこつ』（S・D・シンドラー：絵　マージェリー・カイラー：作　セーラー出版）
『きみがしらないひみつの三人』（ヘルメ・ハイネ：作　天沼春樹：訳　徳間書店）
『絵でわかる！脳っておもしろい4　グングン！脳をきたえよう』（川島隆太：監修　岩崎書店）
『おやすみ、ぼく』（エマ・クエイ：絵　アンドリュー・ダッド：文　落合恵子：訳　クレヨンハウス）

五　思いに関する介護ブックトーク

日常生活を送る中で出てくる、はかり知れない色々な感情に気づいていただきながら、介護ブックトークを味わっていただく、笑いあり、驚きあり、涙ありのプログラムです。今までの自分、等身大の自分、これからの自分と色々な立場で感じ、心を解放して自由に感じ、語り合っていただきましょう。

実践例39

＊テーマ「ちょっと違う」

＊目標　日常生活の中で誰しもが感じる思いを共有します。

＊プログラム

◎導入

日常生活で感じるちょっとした思いについての本を紹介していくことを伝え、自分自身の思いに意識を向けてもらいます。

◎展開

①『ワニくんのおおきなあし』（みやざきひろかず：作　ブックローン出版）

〈読み語り〉

自分自身の欠点に目を向けてもらい、意識を変えれば大切なことに変わることに気づいてもらえるよう届けます。

★相手よりもっと……

②『もっとおおきなたいほうを』（二見正直：作　福音館書店）

〈あらすじ紹介〉

「あの人には負けないわと思ったことはありませんか？」と投げかけ、本を紹介していきます。国王とキツネが、相手に負けたくない理由で、より性能のいい大砲を作っていく話です。

★言い訳

④『ちがうねん』（ジョン・クラッセン：作　長谷川義史：訳　クレヨンハウス）

〈読み語り〉

ちょっと言い訳したくなる時はありませんか？　そんな気持ちをシュールに描い

た作品です。聞き手がイメージできる間《ま》とページをめくるタイミングを工夫して語っていきます。

★自分と違う　なぜ？

⑤『しあわせなふくろう』（チェレスチーノ・ピヤッチ：絵　ホイテーマ：文　おおつかゆうぞう：訳　福音館書店）

〈あらすじ紹介〉

オランダの民話です。百姓に飼われている鳥たちは、おなかいっぱいになるとけんかを始めます。ある日、くじゃくはけんかをしない二羽のふくろうを見つけます。くじゃくはほかの鳥たちを誘って、なぜ、けんかをせずに静かに暮らしていけるのかをふくろうに聞きに行きます。ふくろうが春夏秋冬の過ごし方を話しますが、鳥たちはばかばかしいと帰っていきます。もののとらえ方で行動は変わり、心の持ちようが生活・人生を変えることを伝えていきます。

★ないものねだり

⑥『とんでもない』（鈴木のりたけ：作　アリス館）

〈参加型　読み語り〉

自分以外の物は良く見えたり、ほしくなったりするものです。そんな思いが展開していく内容です。絵のパワーも届けます。

◎活動

●参加型　読み語り

各動物の台詞を一人分ずつ番号を付けて用意し（見やすいように字は太く大きく書いておきます。）読み語る直前に配ります。語り手が読み語っていく中で、番号を言ったら、聞き手が台詞を語ります。個性あふれる語りを皆で楽しみましょう。

実践例40

＊テーマ「ちょっとした思い」

＊目標　自分自身の心の中にある思いに気づき、同じような思いをもつ人がほかにもいることに気づいてもらいます。

＊プログラム

◎導入

①『The Blue Day Book for Kids』（ブラッドリー・トレバー・グリーヴ：作　石田享：訳　竹書房）

〈内容紹介〉

日頃見ることの少ない動物の色々な表情に言葉が添えられている本です。心の闇の部分の写真を拡大して、聞き手にも、よく似た思いをしないか尋ねます。

◎展開

②『ぜつぼうの濁点』（柚木沙弥郎：絵　原田宗典：文　教育画劇）

〈あらすじ紹介と一部読み語り〉

ぜつぼうの「ぜ」に永らく仕えていた濁点は、主人が日々絶望に苦しむのは自分のせいではないかと思い、主人に自分を捨てるように頼みます。道端に捨てられた濁点は、次の主人を探しますが、なかなか見つかりません。「おせわ」がうわさを聞きつけて濁点のもとにやってきます。濁点は沼に捨てられてしまいますが、新たな主人に出会うという内容です。言葉を擬人化し、時代劇風に展開していきます。キーワードの「ぜつぼう」と「きぼう」を視覚化し、濁点のつく文字に焦点をあてて謎解きを楽しみましょう

★自己肯定感と自己否定感

③『たいせつなきみ』（セルジオ・マルティネス：絵　マックス・ルケード：文　ホーバード・豊子：訳　フォレストブックス）

〈あらすじ紹介〉

ウイミックスという木で作られた人たちが暮らす村がありました。その村では、良いことをするともらえるお星さまシールとだめシールをくっつけ合って暮らしていました。だめシールばかりもらうウイミックスのパンチネロは、「どうせぼくは、だめなウイミックスだから」と思うようになり、消極的になっていきます。そんな時、シールを持たないウイミックスに出会い、ウイミックスの生みの親のエリを訪ねるように教えられます。エリの大きな愛を知る絵本です。金色のお星さまシールと灰色のだめシールを提示するとわかりやすいです。

★ポジティブ思考

④『The Blue Day Book for Kids』（ブラッドリー・トレバー・グリーヴ：作　石田享：訳　竹書房）

〈内容紹介〉

導入とは反対の心の光の場面を取り上げ、写真の拡大と共に紹介します。

◎活動

●歌「ああ人生に涙あり」

実践例41

＊テーマ「人生の先輩に学ぶ」

＊目標　伝記や実話から人生について色々感じてもらいます。

＊プログラム

◎導入

偉人の生き方の絵本や人生録から色々な気づきを楽しんでもらいます。

◎展開

①『いっきゅう』（福田岩緒：絵　西本鶏介：文　チャイルド本社）

〈あらすじ紹介〉

頓智《とんち》で有名な一休和尚の話です。一休和尚の人生の歩みと頓智を楽しく届けます。

★ほかの伝記

②『マザー・テレサのおねがい』（佐藤ひろこ：絵　小島好美：文　女子パウロ会）
〈あらすじ紹介〉

マザー・テレサの生き方と「清い心の家」や「聖なる子どもの家」などを紹介します。

★地域の偉人
③『官兵衛さんの大きな夢』（本山一城：絵　柳谷郁子：文　神戸新聞総合出版センター）
〈あらすじ紹介〉

姫路生まれの黒田官兵衛の人生を紹介します。官兵衛の人柄に焦点をおきながら届けます。

★ほかの偉人の言葉
④『人生の先輩に学ぶ　まっすぐな生き方』（木村耕一：著　一万年堂出版）
〈内容紹介〉

歴史の中から生きるすべを学ぶ本です。黒田官兵衛の残した言葉を紹介したり、そのほかの偉人の言葉を届けます。

★実話
④『世界でいちばん貧しい大統領のスピーチ』（中川学：絵　くさばよしみ：文　汐

文社）

〈あらすじ紹介〉

二〇一二年、ブラジルのリオデジャネイロ国際会議で、環境が悪化している地球の未来について話し合われた時の、ウルグアイのムヒカ大統領の演説が絵本化された本です。社会が発展することは、人間の幸せの味方でなくてはならない。人類が幸福であってこそ、よりよい生活ができると説いています。現在の生活を振り返りながら、じっくり内容を届けます。

◎活動

●歌「切手のないおくりもの」

実践例42

＊テーマ「昔の思い出〜ちょっと聞かせてください〜」

＊目標　本の場面をきっかけに懐かしい思い出を語ってもらいます。

＊プログラム

◎導入

①『あるばむ　人には尽きない話がある』（南川博：絵　楠井洋子：文　アニカスロ―ブックス）

〈あらすじ紹介〉

回想法のために作られた絵本です。ページをめくりながら、それぞれの場面で思い出話を語ってもらえるよう場面の紹介をしていきます。

◎展開

②『もったいないばあさん』（真珠まりこ：作　講談社）

〈読み語り〉

色々な生活場面が出てきて、孫の行動に、もったいないおばあさんが注意をしていきます。注意をするだけではなく、次どのように活用すればよいかを教えてくれます。聞き手にも生活の知恵を聞いてみましょう。

★身近にいた人

③『かみなりじいさんとぼく』（みぞぶちまさる：作　講談社）

〈あらすじ紹介〉

近所のおじいさんは、かみなりじいさんで有名です。子どもたちがボール遊びをしていると、塀をこえておじいさんの家へ入ってしまいました。おじいさんの雷が落ちます。ある日、おじいさんの飼い猫が失踪し、おじいさんの元気がありません。心配した子どもたちも猫を探します。のちに猫は子猫を連れておじいさんの家へ帰ってくるという話です。聞き手の近所にもかみなりじいさんがいなかったか問いかけます。

★生活の中から生まれた詩

④『くじけないで』（柴田トヨ：著　飛鳥新社）

〈作者紹介と一部朗読〉

九十二歳にして詩作を始めた作者は、九十八歳で『くじけないで』、百歳では『百歳』を出版されました。生活の中での思いを詩にされています。数編を朗読して届けます。

◎活動

●音読『くじけないで』より

『くじけないで』より聞き手に最も感じてもらえそうな詩を選びコピーし、一人ひとりが手元で見て音読できるよう準備しておきます。ゆっくり味わいながら語っていきます。

柴田トヨさんの朗読CDも販売されていますので、著者の味わい深い朗読を聞いてもらうのもよいでしょう。

実践例43

＊テーマ『しあわせ』
＊目標　日常生活で感じる小さな幸せを思い語ってもらいます。
＊プログラム
◎導入
聞き手に幸せを感じる時はどんな時かを質問し、答えてもらい幸せの場面をイメージしてもらいます。
◎展開
①『つみきのいえ』（加藤久仁生：絵　平田研也：文　白泉社）

〈本の背景紹介とあらすじ紹介〉

二〇〇八年にアカデミー短編アニメ賞を受賞した日本映画を絵本化したものです。一人暮らしのおじいさんの家は海の上にある家です。海の水はだんだん上がってきてしまい、上がってくると新しい家を積み重ねて作ります。海の中にはおじいさんの人生の思い出がいっぱいあるという話です。誰にもかけがえのない人生があることを届けます。終活についての話題も提供します。

★食欲

②『めしあがれ』（高原美和：絵　視覚デザイン研究所：文　視覚デザイン研究所）

〈絵を届ける〉

人間の三大欲求の一つ食欲をそそる絵本です。食べることの楽しさを届けます。

★別腹

③『きょうのおやつは』（わたなべちなつ：作　福音館書店）

〈本の特徴紹介〉

３Ｄでおやつ作りを楽しめる絵本です。調理の感触やにおいなども届けます。

★入浴

④『ぽっかぽかだいすきおさるさん』（福田幸広：作　ポプラ社）

〈入浴場面紹介〉

入浴を一日の至福の時と感じる人も多いのではないでしょうか。観光名所でもある地獄谷の温泉にニホンザルが入るシーンの写真絵本です。入浴中の気持ちよさそうな表情や雪の中、身を寄せ合って体を温める場面などを届け、心を温かくしてもらいましょう。

★生活の知恵

⑤『熱帯の森の家族』(関野吉晴：著　ほるぷ出版)
〈内容紹介〉

アマゾンの森奥深くに暮らす先住民族マチゲンガの暮らしを紹介した本です。人間が豊かに生きる知恵を届けてくれます。聞き手から生活の知恵を教えてもらいましょう。

★自分の体への感謝

⑥『おやすみ、ぼく』(エマ・クエイ：絵　アンドリュー・ダッド：文　落合恵子：訳　クレヨンハウス)
〈あらすじ紹介と一部読み語り〉

オランウータンの子どもが、自分の体の部分に感謝しながら言葉をかけ眠りにつく話です。日頃当たり前すぎて忘れられがちなことに気づかせてくれます。日常生活の当たり前を少し意識すれば、また新たな発見やゆとりが生まれるかもしれません。

◎活動

●歌「上を向いて歩こう」（坂本九）、「川の流れのように」（美空ひばり）

●童謡　唱歌

●体操「幸せなら手をたたこう」

実践例44

＊テーマ「思いを伝える」

＊目標　心の奥にしまいがちな大切な思いに気づき、伝えてもらいます。

＊プログラム

◎導入

日常でなかなか言えない思いや、伝えることの大切さについての絵本を紹介していくことを最初にお話しします。

◎展開

①『かぜのでんわ』（いもとようこ：作　金の星社）

〈本の背景とあらすじ紹介・一部読み語り〉

二〇一一年三月十一日東日本大震災が起きました。その後岩手県大槌町の佐々木格さんの自宅の庭に、電話線のつながっていない「風の電話ボックス」が設置されました。会えなくなった人への思いを届けるための電話ボックスです。この実話がもとになっている絵本です。

★命の授業

②『くまのこうちょうせんせい』（いもとようこ：絵　こんのひとみ：文　金の星社）

〈本の背景とあらすじ紹介・一部読み語り〉

神奈川県茅ケ崎市浜之郷小学校長・大瀬敏明先生の命の授業の実話が絵本化されました。余命三カ月の宣告を受けてからも学校に通われ、生きることの意味を教え続けられたそうです。大きな声で「おはよう」が言えないひつじくんが、倒れた校長先生を助ける中で大切なことを教えてくれる一冊です。

★演説

③『マララ・ユスフザイ　国連演説インタビュー集』（CNN English Express：編集　朝日出版社）

『マララさん　こんにちは――世界でいちばん勇敢な少女へ』（ローズマリー・マカーニー・作　西田佳子：訳　西村書店）

〈内容紹介・一部読み語り〉

公の場で女子教育の必要性を発言していたマララは、二〇一二年十五歳の時、武装勢力タリバンに銃撃されました。イギリスで治療を受けながら、世界中のすべての子どもが教育を受けられるようにするための活動を続け、世界最年少十七歳でノーベル平和賞を受賞しました。「ペンと本で世界は変わる」と訴えた国連演説の内容を届けます。

★演説

④『世界でいちばん貧しい大統領のスピーチ』（中川学：絵　くさばよしみ：編　汐文社）

〈本の背景とあらすじ紹介・一部読み語り〉

ウルグアイ大統領の、二〇一二年のリオ会議での演説を絵本化した本です。「我々の前に立つ巨大な危機問題は環境危機ではありません。政治的な危機問題なのです」と問題提起をしました。本物そっくりのムヒカ大統領が表紙の絵本の要点を届けます。

◎活動

●読書

テーマに沿った紹介本以外の本も準備し、聞き手が自分で本を選び、実際に読書をする時間をつくります。受け身の生活が多い場合は、自己選択の機会を提供するため、数冊の本を聞き手に提示し、好きな本を選んでもらいます。読みづらい人には、個別で読み語りをしたり、聞き手に一節を読み語ってもらってもよいでしょう。

実践例45

＊テーマ「大切なもの」

＊目標　生きるために大切なことを考えてもらいます。

＊プログラム
◎導入
聞き手が日常生活を送る上で大切にしていることは何ですかと投げかけ、ジンクスやルーティーンなどを教えてもらいます。
◎展開
①『はなちゃんのみそ汁』（魚戸おさむ：作　安武信吾・千恵・はな：原作　講談社）
〈あらすじ紹介〉

原作家族の実話が絵本になりました。癌を患った母親が五歳の娘に家事を身につけさせ、生きることを教えていく話です。食の大切さを届けます。
★生きる術
②『小学生のボクは、鬼のようなお母さんにナスビを売らされました。』（筒井則行：絵　原田剛：文　ワイヤーオレンジ）
〈あらすじ紹介〉

作者の原田剛さんの子ども時代の実話です。白と黒とナスビ色で描かれたインパクトのある絵本です。ナスビ農家で育つぼくが、十歳の時、市場で売れないナスビを袋詰めし、一人で団地に売りに行かされる話です。白血病を患っていた母親が、心を鬼にして我が子に生きる術を教える話です。絵本のカバーを外すと裏表紙に作者からのメッセージがあります。

★人の思い

③『おばあさんのしんぶん』（松本春野：作　岩國哲人：原作　講談社）

〈あらすじ紹介〉

原作者の幼少時代の実話です。母子家庭の長男として学業と家の手伝いをしていた哲人は、小学校五年生の時、自ら新聞配達を始めます。近所のおじいさんが夕方、新聞を読みに来てもよいと言ってくれ通います。おじいさんが亡くなってからもおばあさんは新聞を取り、哲人に読ませてあげます。実はおばあさんは字が読めなかったのに……。

★愛するもの

④『１００万回生きたねこ』（佐野洋子：作　講談社）

〈あらすじ紹介と一部読み語り〉

自分中心に生き、百万回死んで、百万回生き返った猫が、ある時野良猫となり自分が好きな猫と家族を作ります。今まで百万回死んでも泣かなかった猫は、愛するものを失って初めて涙を流し、生き返ることはなかったという話です。自由に感じ自分なりの楽しみ方をしてもらいましょう。

★心のよりどころ

⑤『おおきなおおきな木』（いもとようこ：絵　よこたきよし：文　金の星社）

〈あらすじ紹介〉

大きな木のうろに色々な思いを持って訪れる者は、うろの中で包まれながら自分なりの答えを見つけて帰っていきます。最後に訪れた若者が木の実を持ち帰り、その実は若者のうちの庭で芽を出します。最後に大きな木になるためには……とのメッセージが届けられます。

★諦めない気持ち

⑥『奇跡のリンゴ』（石川拓治　「NHKプロフェッショナル仕事の流儀」制作班：監修　幻冬舎）

〈内容紹介〉

無農薬でのリンゴづくりは絶対に不可能といわれていましたが、それを可能に変えた木村秋則さんの壮絶な取り組みを記した記録本です。

★夢を持つ

⑦『100歳の夢　15人の人生、100年分の言葉』（日本ドリームプロジェクト：編　いろは出版）

〈内容紹介・一部読み語り〉

実在の百歳以上の人の夢を集めた一冊です。聞き手にも夢を語ってもらいましょう。

◎活動

●歌　童謡・唱歌「ふるさと」

手話をつけて歌います

実践例46

＊テーマ「愛」

＊目標　色々な愛を思い出してもらい、心を温めてもらいます。

＊プログラム

◎導入

親子、ペット、恋人など色々な愛を思い出してもらうよう語ります。

◎展開

①『ラヴ・ユー・フォーエバー』（梅田俊作：絵　ロバート・マンチ：文　乃木りか：訳　岩崎書店）

〈あらすじ紹介・一部読み語り〉

子育てをしていく中で、いくつになってもぐっすり眠る子どもを抱っこして歌い続けます。時は流れ、年老いた母に息子が歌を歌うようになります。絵本の中で繰り返される四行の美しい歌は、実は作者の妻が二度の流産を経験し、それを乗り越えるために自分自身に言い聞かせた詩だったそうです。親子の愛を届けます。

★大好きな気持ち

②『どんなにきみがすきだかあててごらん』（マニタ・ジュラーム：絵　サム・マクブラットニィ：文　小川仁央：訳　評論社）

〈あらすじ紹介〉

でかうさぎとちびうさぎが、お互いをどんなに好きかを伝えあう心温まる話です。

★大好きな気持ち

③『ちっちゃくたっておっきな愛』（ジャン・ファーンリー：絵　ジーン・ウイリス：

文　金原瑞人：訳　小峰書店）
〈読み語り〉
ねずみの「ちびちびちゃん」がキリンの「のびのびちゃん」にキスをしたくて頑張る仕掛け絵本です。読み語りには本の持ち方に工夫が要りますが、一生懸命な「ちびちびちゃん」と「のびのびちゃん」の表情を満喫してもらうよう届けます。
★ペットへの愛
④『ずーっとずっとだいすきだよ』（ハンス・ウィルヘルム：作　久山太市：訳　評論社）
〈あらすじ紹介〉

ペットのエルフィーに男の子は毎晩「ずーっと大好きだよ」と言い続けて日々を過ごしていきます。エルフィーが死んだ時、男の子は毎日好きを伝えていたので少し気持ちが楽でした。好きを言葉で伝える大切さを教えてくれます。
★恋人への愛
⑤紙芝居『愛染かつら』（サワジロウ：絵　脚本　梅田佳声：監修　川口松太郎：原作　雲母書房）
〈あらすじ紹介と一部語り〉

高齢者には懐かしい小説の紙芝居です。映画やドラマ化もされており、俳優の上原謙、田中絹代などの顔写真を準備して思い出話を語ってもらいましょう。

◎活動

●歌「旅の夜風」（松竹映画『愛染かつら』の主題歌）

六　動植物や自然のパワーに関する介護ブックトーク

動物や植物が生きていくための進化や生活の工夫から私たちが学ぶことがたくさんあります。生き物の不思議や、動物同士の関わり合いや、動物と人間の関わりなどを通して、新しい発見を楽しみ、自分自身のあり方を考えてもらえます。

実践例47

＊テーマ「不思議」

＊目標　植物や自然の不思議を届け、驚きや感動、パワーを感じてもらいます。

＊プログラム
◎導入
自然界には不思議な物事がたくさんあることを伝え、本を紹介していきます。
◎展開
①『サバンナのいきもの』（今泉忠明：監修　学研）
〈本の特徴紹介〉

サバンナの生き物が飛び出てきたり、鳴き声などの音が出る仕掛け絵本を紹介し、五感を働かせてもらいながら発見や驚きを味わってもらいます。
★植物の不思議
②『へんてこりんな植物』（アマナイメージズ（株）・アフロ（株）：写真　藤森優香：文　パイ　インターナショナル）
〈内容紹介〉

猿の顔のような花（ドラクラ・シミア）、メスの蜂に似せた可愛い顔のように見える花（バンブルビー・オーキッド）など普段見ない、珍しい植物が掲載されています。拡大コピーを準備し、愛くるしい表情や、美しい姿などを紹介します。

★自然の不思議
③『神々の花園』（澤野新一朗：作　『たくさんのふしぎ』二〇一五年十一月号　福音館書店）
〈あらすじ紹介〉

南アフリカのナマクワランドは、春一番が吹く頃に景色が一変します。四千種類の野生の花々が咲き誇る、植物の楽園が出現する光景に感動する一冊です。自然界のパワーを伝えましょう。
★スピリチュアルな不思議
④『幸運を呼び込む不思議な写真』（FUMITO：作　サンマーク出版）
〈本の特徴と内容紹介〉

本の「はじめに」の一節です。「『目に見えないエネルギー』を、誰にでも見えるように写し出した写真集です」と書かれています。色々なエネルギーを視覚から取り入れ、全身で感じてもらえるよう紹介していきます。
◎活動
●ゲーム　どこへ行ったかな
同じ種類の紙コップを五個用意します。一つのコップに物を入れ隠します。飲み口を下にコップを並べ、物が入っているものを確認します。コップを移動し、どのコップに入っているかを当てます。

実践例48

＊テーマ「動物の面白い表情」

＊目標　動物の日頃見られない表情を楽しみ、自分自身の感情の多様性に目を向けてもらいます。

＊プログラム

◎導入

動物が笑ったり、困った顔をするところを見たことがあるか尋ねます。動物にも色々な感情があることを紹介していきます。

◎展開

①『原寸大　すいぞくかん』（松沢陽士：写真　さかなクン：文　小学館）

〈内容紹介〉

本当の大きさで見ることができる大きな図鑑写真絵本です。水族館に行っているような雰囲気で迫力を楽しみます。

★色々な動物の表情
②『The Blue Day Book』（ブラッドリー・トレバー・グリーヴ：作　石田享：訳　竹書房）
〈内容紹介〉

こんな表情するんだと思わせる動物の表情が、気持ちを表した言葉と共に描かれています。表情を拡大コピーして、聞き手にも同じ気持ちがないか投げかけていきます。

★頑張る表情
③『ねずみのすもう』（二俣英五郎：絵　樋口淳：文　ほるぷ出版）
〈あらすじ紹介と一部読み語り〉

日本の昔話を紹介します。小さなねずみと大きなねずみがドスコイと懸命に相撲を取る場面や、おじいさんとおばあさんがついてくれたお餅を美味しそうに食べる場面などを紹介し読み語ります。

★有名画家の絵が語る

④『動物たちのおしゃべり』（ミルコ・ハナアク：絵　山崎陽子：文　小峰出版　藤原書店）

〈一部読み語り〉

画家の絵を見た元タカラヅカジェンヌが、その絵から感じる声を文章化した本です。なじみのある犬や猫をはじめ、百獣の王ライオンの本音ともとれる言葉などを読み語ります。聞き手の好きな動物を聞いて、紹介するのもよいでしょう。

◎活動

●顔ジャンケン

グーは目・口・鼻を目一杯中心に寄せ、チョキは口を閉じたまま鼻の下を伸ばし目を開き、パーは目も口も全開するという三パターンの顔の表情を決めておきます。「ジャンケンポン」のかけ声のあと、顔の表情で戦います。

実践例49

＊テーマ「動物の力」

＊目標　実話による動物に関する奇跡の話を紹介し、心を動かしてもらいます。

＊プログラム

◎導入

聞き手の方々の人生にも、予想できないことが起きたり、やるしかないと決意をもってされてきたことがあると思います。相手への思いやりから生まれた奇跡の話を楽しんでもらいます。

◎展開

①『ふたりはいつもともだち』（つちだよしはる：絵　もいちくみこ：文　金の星社）

〈あらすじ紹介〉

鳥羽水族館でジュゴンのセレナとアオウミガメのカメキチくんは同じ水槽で暮らし、とても仲良しになりました。ある朝、カメキチくんが別の水槽に移されてしまいます。残されたセレナは元気がなくなっていくという話です。気の合う仲間を思い出してもらいながら届けます。

★奇跡

②『ＨＵＧ！　ｆｒｉｅｎｄｓ』（丹波暁弥：写真　ひすいこうたろう：文　小学館）
〈あらすじ紹介と一部読み語り〉

シロクマが大好きな写真家が十五年間シロクマを撮影し続けた中で出会った奇跡の話です。ほぼ半年間絶食状態だったシロクマが、ハスキー犬を食べずに、遊んだり、仲間を紹介したり、抱きしめるという話で、実際の場面を写真で見ることができます。危機一髪逆転の思い出や、犬猿の仲の人との仲直り話などを語ってもらいましょう。

★象の習性
③『ともだちをたすけたぞうたち』（遠山繁年：絵　わしおとしこ：文　教育画劇）
〈あらすじ紹介〉

多摩動物園の象のアヌーラが病気になり弱っていく中で、仲間の象がアヌーラの体を支え介抱する話です。誰かのことを必死で思い行動する心温まる話を届けます。

★日本一長生きした象
④『せかいでいちばん手がかかるゾウ』（北村直子：絵　井の頭自然文化園：文　教育評論社）

〈あらすじ紹介〉

井の頭自然文化園で飼育されていたアジアゾウのはな子と飼育員の話です。はな子は第二次世界大戦後初めて日本にやってきた象です。日本最高齢の記録を持つ庶民に愛されたはな子と老化に対応した飼育を工夫し続けた飼育員との関わりに心動かされる絵本です。はな子は二〇一六年六十九歳で亡くなりました。その時献花台が設けられ、たくさんの人が献花に訪れました。

◎活動

●童謡「ぞうさん」

「ぞうさん」の作詞者まど・みちおさんによれば、象の紹介の歌ではなく、象の長い鼻について大好きなお母さんと自分だけが持っているものとして子象が誇らしげに言っている様子を詩にしたということです。ありのままの姿が素晴らしいことを伝える歌を皆で一緒に歌います。

七　生活に関する介護ブックトーク

高齢期の強みである生活経験にアプローチするプログラムです。思い出や体験が引き出しやすいので参加してもらいやすいです。語り手は、聞き手の反応や言葉を大切に拾い、対応していきながら、教えていただくというスタンスで取り組み、語り手と聞き手が共に創り上げる時間と空間を楽しみましょう。

実践例50

＊テーマ「昔と今」

＊目標　聞き手の生きてこられた社会背景を教えてもらいます。

＊プログラム

◎導入

今と昔で色々変わってきたものがあります。そんなものを聞き手と共に探していきます。

①『なくなりつつあるモノ　でも心に残るモノ』（岩田健三郎：絵・文　神戸新聞総合出版センター）

〈内容紹介〉

神戸新聞水曜日夕刊に連載されていたものを編んだ本です。フィルムから始まり、マッチやみんなで歌える歌、おふくろの味など色々な話題を提供して、聞き手に思いを語ってもらいます。

★地域とのつながり
②『おじいちゃんのまち』（野村たかあき：作　講談社）
〈あらすじ紹介〉

一緒に住もうと声をかけても、一人暮らしを続けるおじいちゃん。孫がおじいちゃんと街を歩くと、色々なところで知り合いから声がかかります。地域とのつながりの大切さをそっと感じさせてくれる絵本です。変わっていいものと変わってはいけないものを届けます。

★あの時
③『昭和のこどもたち』（石井美千子：人形制作・文　アトリエみちこ）
〈内容紹介〉

愛嬌たっぷりの手作り人形が昭和の生活のワンシーンを蘇らせてくれます。男女問わず懐かしいシーンを届けます。

★次世代への思い

④『あのころ、今、これから…』（鮫島純子：絵・文　小学館）

〈内容紹介〉

作者と故永六輔さんとの対談から始まります。暮らし、家事、商売の変化の中で、二十一世紀に残したい大切なことが挙げられています。聞き手の経験と知恵を活かして、当時の様子や思いを教えてもらいましょう。

★昔話と現代版の話

⑤『ももたろう』

『桃太郎が語る桃太郎』（岡本優太：絵　クゲユウジ：文　高陵社書店）

〈本の特徴紹介と活動　読み語り〉

昔話の桃太郎と現代に出てきた桃太郎とを紹介します。桃太郎のあらすじは記憶されている方が多く、童謡を歌ってあらすじを思い出してもらい、その後で桃太郎の立場から作られた現代の絵本を紹介していきます。

◎活動

● 歌　童謡「ももたろう」

● クイズ　桃太郎

桃太郎にちなんだクイズを出します。家来になった順番や、『桃太郎が語る桃太郎』の内容を質問します。

実践例51

＊テーマ「日常のつぶやき」

＊目標　日常生活でのふとつぶやきたくなることに共感し、心を動かしてもらいます。

＊プログラム

◎導入

本を使って導入をします。

①『うしのひとりごと』（高田千鶴：著　河出書房新社）

〈あらすじ紹介〉

動物写真家の牛の写真集です。牛の色々な表情と共にボソッと放たれる言葉に共感します。牛たちの表情を楽しみ、聞き手にも日常で同じ思いがないかを尋ねます。

◎展開

★日常のつぶやき

②『つぶやき隊』（たにぐちたかし：絵　つぶやきシロー：文　TOブックス）

〈内容紹介〉

日常生活でお世話になっている日用品や、よく見かける動物などの立場から日頃の思いをつぶやきます。聞き手が興味のありそうなものをいくつか紹介します。

★卵のつぶやき

③『あれこれたまご』（中の滋：絵　とりやまみゆき：文　福音館書店）

〈読み語り〉

スーパーに陳列され各家庭に買われて色々な料理に変身する卵の話です。日頃食材でよく使われ、栄養価の高い卵の思いを届けます。

★写真に秘めた思い

④『ひとりじゃなかよ』（西本喜美子：著　飛鳥新社）

〈本の背景と内容紹介〉

著者は、七十二歳からカメラを持ち、個性あふれる作品を撮り、八十二歳で開催した個展がきっかけで注目をあび二〇一六年に本が出版されました。身近にある植物や日用品などを題材にしたり、着ぐるみを着ておりに自分が入り撮影するなど斬新で驚きいっぱいの本です。高齢期の著者のパワーを届けます。

★高齢者の思い

⑤『くじけないで』（柴田トヨ：作　飛鳥新社）

〈本の背景紹介と一部読み語り〉

九十歳をすぎて詩作と出会い、九十八歳で詩集『くじけないで』、百歳で『百歳』が出版されました。一人暮らしで感じた思いを優しく深く届けてくれます。じっくりと読み語ります。聞き手に音読してもらうと、とてもすてきです。

★贈り物

⑥『ＨＡＰＰＹ　幸せってなんだろう？』（Ａ－Ｗｏｒｋｓ：編　Ａ－Ｗｏｒｋｓ）

〈内容紹介〉

癒やしの動物の写真と心に響く言葉が掲載されています。聞き手に好きな個所を見つけてもらうよう届けます。

◎活動

●歌　演歌「人生いろいろ」

●音読
プログラムの所々で、聞き手に語ってもらうと高齢期にしかでない深みがあり、より心に響きます。

実践例52

＊テーマ「日常のちょこっと笑える話」
＊目標　大人にも絵本を楽しんでもらいます。
＊プログラム
◎導入
絵と文が物語る絵本を、皆と一緒に楽しんでもらいたいことを伝えます。本屋さんや図書館で大人の絵本コーナーが設けられていることなど大人の絵本ブームも伝えます。今回は、日常生活での「あるある」を題材にした絵本を紹介します。
◎展開

①『やさいのおしゃべり』（いもとようこ：絵　泉なほ：文　金の星社）
〈あらすじ紹介と一部読み語り〉

毎日使う冷蔵庫の中で行われている野菜同士のやり取りが描かれています。心当たりの場面が出てきて楽しんでもらえます。

★変身

②『じいちゃんバナナ　ばあちゃんバナナ』（のしさやか：作　ひさかたチャイルド）
〈あらすじ紹介〉

熟したじいちゃん、ばあちゃんバナナたちが、町の変身お祝いパーティーに集まる話です。熟した自分の姿を楽しむことを教えてくれます。

★願い

③『おこだでませんように』（石井聖岳：絵　くすのきしげのり：文　小学館）
〈あらすじ紹介と一部読み語り〉

小学校一年生のぼくは、家でも学校でも怒られてばかりいます。七夕の日の短冊の願いに「おこだでませんように」と考え抜いて書くと、願いがかないいます。大人も、子どもの立場で感じることができる本です。

★言葉遊び

④『ぜつぼうの濁点』（柚木沙弥郎：絵　原田宗典：文　教育画劇）
〈あらすじ紹介と一部読み語り〉

濁点がひらがなへの付き方で絶望から希望に変わるという内容です。時代劇風に展開することばを味わってもらうために、一部読み語ります。「ぜつぼう」や「きぼう」のキーワードは、文字で視覚化して届けます。

★ないものねだり

⑤『とんでもない』（鈴木のりたけ：作　アリス館）
〈参加型読み語り〉

ないものねだりが展開されていく話です。自分にないものがほしくなる、そんな気持ちを楽しみます。

◎活動
●『とんでもない』の動物の台詞を音読してもらいます。
文中に出てくる台詞に番号を付けて、その台詞を話す動物を記し、文字を大きめにして一人分の台詞を準備します。長い台詞は数人に分けます。読み語りの前に一人ひとりに台詞を配り、少しの時間練習をしてもらいます。全員で読み進めていくことを伝え、表現をする楽しさや緊張感を味わってもらいます。

実践例53

＊テーマ「くすっと笑える話」

＊目標　少し変わったものを紹介して新しい世界を楽しんでもらいます。

＊プログラム

◎導入

絵本を使って導入をします。

①『はがぬけたらどうするの？』（ブライアン・カラス：絵　セルビー・ビーラー：文　こだまともこ：訳　フレーベル館）

〈あらすじ紹介〉

「小さい時、歯が抜けたらどうしましたか？」と質問します。答えを受けて、世界各国の習慣を紹介していきます。

◎展開

★かしまし姉妹

②『バナナンばあば』（西村敏雄：絵　林木林：文　佼成出版社）

〈あらすじ紹介〉

バナナのおばあさん三姉妹の話です。いつも房《ふさ》でつながって生活していましたが、それぞれの思いがあって言い合いをしているとバラバラになりました。それぞれ思い思いのところへ行きますが……。三姉妹のやり取りを楽しく届けましょう。

★思いもよらない結果

③『ねずみきょう』（高見八重子：絵　こわせたまみ：文　すずき出版）

〈あらすじ紹介と一部読み語り〉

一人暮らしのおばあさんのところに偽のお坊様が訪ねてきます。亡きおじいさんのためにお経をあげてほしいと頼まれ、目に見える状況を言葉にしてお経をあげます。その後もおばあさんは、そのお経を信じあげ続けます。ある夜泥棒が来ます。泥棒は自分の行動が、お経をあげているおばあさんに見透かされていると思い逃げていきます。

★驚きのスポット

④『旅で出会った絶景・珍景ニッポン百景』（稲葉隆生：作　アートヴィレッジ）

〈内容紹介〉

日本に本当にある面白スポットが満載です。駅名などをクイズにしながら紹介します。

◎活動

●復唱『ねずみきょう』

泥棒退治のねずみ経の部分を、聞き手に復唱してもらいます。

●クイズ『絶景・珍景ニッポン百景』駅名クイズ

●パズル　日本地図

実践例54

＊テーマ「天気」

＊目標　天気に関する本を紹介し、天気に関心を向けてもらいます。

＊プログラム

◎導入

実施日や最近の天気に関係する話題とニュースを提供し、天気に関心を向けてもらいます。

◎展開

①『もくもくやかん』（かがくいひろし：作　講談社）

〈あらすじ紹介〉

雨ごいのために、やかんたちが協力して水蒸気を出し雨を降らせる話です。表情豊かな絵も楽しみながら進めていきます。

★雨とてるてる坊主

②『ぼく、あめふりお』（大森裕子：作　教育画劇）

〈あらすじ紹介〉

てるてる坊主なのに雨しか降らせられない「あめふりお」は、落ち込んで旅に出ます。公園で会った女の子に気に入られ一緒に暮らしますが、女の子が遠足の前日に、晴れるようお祈りをします。その時「あめふりお」は家を出ていきます。雨の音などもイメージしてもらいながら進めます。

★雷

③『カミナリこぞうがふってきた』（シゲリカツヒコ：作　ポプラ社）

〈あらすじ紹介〉

雷父さんに怒られた雷小僧が地上に落ちてきて、雨宿りをしていたタケシに雷小僧が付きまといます。アフロヘアーにさせられたタケシは、雷小僧を早く空へ返すために調べます。町の一本杉を登ると雷の家があり、タケシも雷を鳴らす作業を一緒にさせてもらったのですが、自分のために雷を鳴らしたため、雲から落とされます。雷のお父さんが最後に言う「自然の力をあまくみてはいかん」という言葉が心に響きます。

★洗濯干し

④『せんたくかあちゃん』（さとうわきこ：作　福音館書店）

〈あらすじ紹介〉

太っ腹母ちゃんの豪快な洗濯が気分をスッキリさせてくれます。へそをとりにきた雷を生意気だと言って、たらいで洗濯するとカミナリの顔がのっぺらぼうになってしまいます。洗濯母ちゃんは、子どもたちにクレヨンで顔を書かせます。いいおとこになった雷は帰りましたが、その後、洗濯母ちゃんのところにはきれいにしてもらいたい雷がたくさんやってきます。

★天気予報

⑤『あしたのてんきは　はれ？　くもり？　あめ？』（野坂勇作：絵　根本順吉：監修　福音館書店）

〈内容紹介〉

天気予報がなかった時代に、人は自然の変化で天気を予想していました。クイズ形式で紹介していきます。

◎活動

●クイズ『あしたのてんきは　はれ？　くもり？　あめ？』の絵を参考にして、このような状況の次の日は天気は何になるかを質問し考えてもらいます。

●歌「てるてるぼうず」「愛燦燦」

実践例55

＊テーマ「風」

＊目標　身体や心で風を感じることに意識を向けてもらいます。

＊プログラム
◎導入
優しい風や強い風、さわやかな風など風にも色々なものがあり、どんな時に風を感じるかを投げかけます。
◎展開
①『さわさわもみじ』（木内達朗：絵　東直子：文　くもん出版）
〈内容紹介〉

もみじが風に舞う話で、擬音語が楽しめる一冊です。風の感じや温度なども感じてもらうよう届けます。
②『ふうじんくんとらいじんくん』（古川タク：作　福音館書店）
〈読み語り〉

俵屋宗達の風神雷神図を紹介してから絵本に戻ります。風神と雷神の年に一度のコンサートが始まります。コンサート中の擬音語は、読み語るためにはかなりの練習を要しますがチャレンジして、楽しく語りましょう。
★写真と言葉で風を感じる
③『風を見たことある？』（井出隆夫：文　杉田徹：写真　『たくさんのふしぎ』二〇〇六

年十一月号　福音館書店）
〈内容紹介〉
風を見る、感じる、匂う、読むなど生活の中で出会う色々な風を紹介します。写真絵本なのでよりわかりやすく状況を届けることができます。
★落ち葉
④『葉っぱのフレディ』（レオ・バスカーリア：作　みらいなな：訳　童話屋）
〈あらすじ紹介〉

葉っぱのフレディが、季節の変化と風の違いを感じながら、自分の命と向き合う話です。
★さわやかな風
⑤『しあわせの季節《とき》』（永田萌：作　ＰＨＰ研究所）
〈「みどりのブランコ」読み語り〉

若葉の森で風を作る風屋の妖精が語りかける『しあわせの季節』の一編です。高齢の方へのプレゼントとして届けましょう。
◎活動
●四季の風の名クイズ

日本では東風（こち）、西風（ならい）、北風（あなじ）と読む古来の読み方があることや、季節に吹く風に色々な名前があることを紹介します。語りのみではなく文字にして視覚でも捉えられるように準備します。

●風船陣取りゲーム

風船とうちわを準備します。机の周囲に座ってもらい、中央に風船を置きスタートの号令で一斉にうちわで扇ぎます。机から落とさないようにしたり、時間制にしたり、グループ対抗にしてもよいでしょう。

●深呼吸

「はぁ～」「ほぉ～」「ふぅ～」とゆっくり腹式呼吸でため息をついて、リラックスします。

実践例56

＊テーマ「遊び」

＊目標　伝承遊びを紹介し、手づくりおもちゃの作り方や遊び方、勝負の仕方などを

教えてもらいながら、回想してもらいます。

＊プログラム

◎導入

伝承遊びを紹介していくので、色々思い出したことを語ってもらうよう促します。

◎展開

①『竹とぼくとおじいちゃん』（星川ひろ子・星川治雄：著　ポプラ社）

〈竹とんぼの場面紹介〉

おじいさんが孫のために、ナイフ一本で竹とんぼを作ります。聞き手にどのように作ったたか、何に気をつけたかなどのコツを教えてもらいます。

★そのほかの遊び

②『しん太の昔遊び』（安川眞慈：作　木耳社）

〈内容紹介〉

伝承遊びがたくさん出てきます。どのように遊んだか、何を使ったか、工夫したことなどを教えてもらいます。遊んだ頃のイメージを膨らませてもらいましょう。

★なつかしの色々なおもちゃ

③『昔の玩具大図鑑』（井上重義：監修　ＰＨＰ研究所）
〈内容紹介〉
懐かしの玩具を紹介していきます。
★ブリキのおもちゃ
④『ブリキのおもちゃ』（多田敏捷：著　紫紅社文庫）
〈内容紹介〉

ブリキのおもちゃを紹介します。実物があるとより思い出してもらいやすくなります。手のひらサイズの小さな本なので、いくつかを拡大コピーをして紹介し、あとは、聞き手自身が本を手に取ってゆっくり見てもらうよう伝えます。
★そのほかのおもちゃ
⑤『駄菓子屋のおもちゃ』（多田敏捷：著　紫紅社文庫）
〈内容紹介〉
駄菓子屋で置いてあったおもちゃを紹介します。
◎活動
●実際のおもちゃを手に取って遊んでもらいます。安全に十分気をつけて行います。
介護ブックトークで回想を十分にしていただくことで、おもちゃのみを渡すより、気分が盛り上がった状態で手に取ってもらえるので、より楽しんでいただけます。

実践例57

＊テーマ「旅」

＊目標　今までに旅した場所や名所、名産品などを思い出してもらい語ってもらいます。

＊プログラム

◎導入

①『だじゃれ日本一周』（長谷川義史：作　理論社）

〈本の特徴紹介〉

日本全国を一周できるだじゃれ絵本です。各都道府県には名所や名物がのっています。すべてを紹介するのは時間がかかりますので、近隣の地方を紹介します。

◎展開

★旅をする時の交通手段

②『おじいちゃんのＳＬアルバム』（佐竹保雄：写真　小風さち：文　福音館書店）

〈あらすじ紹介〉

どんな乗り物で旅をしたかを尋ねます。汽車が出てきたら紹介します。珍しい二馬力の汽車や懐かしの余部鉄橋などを届けます。

★夜行列車

③『やこうれっしゃ』（西村繁男：作　福音館書店）

〈内容紹介〉

文字のない絵本です。懐かしの夜行列車の色々な場面が描かれています。聞き手に駅弁の買い方や、寝台の思い出などを語ってもらいましょう。

★バス旅行

④『ピン・ポン・バス』（鈴木まもる：絵　竹下文子：文　偕成社）

〈内容紹介〉

バスで旅先に着く場面を紹介します。思い出のバス旅行の話を語ってもらいます。

★船旅

⑤『ふね　きゃくせん　こうそくせん』（池田良穂：写真　作　ひかりのくに）

〈内容紹介〉

船旅を思い出してもらうよう紹介していきます。

★旅の楽しみ

⑥『あつまれ！全日本ごとうちグルメさん』（おおのこうへい：絵　ふくべあきひろ：文　ブロンズ新社）

〈本の特徴と内容紹介〉

擬人化された各都道府県の名物がユニークな文で紹介されています。おやつや食材、都道府県の形や方言も紹介されています。聞き手の出身地などを中心に紹介していきます。

★旅の楽しみ

⑦『駅弁大図鑑』（扶桑社）

〈内容紹介〉

日本を代表する駅弁が紹介されています。各地方別に紹介していきます。

◎活動

●歌「鉄道唱歌」

●駅弁紹介
お茶入れ・現在のお茶事情（電車柄ペットボトル）などの実物を提示すると話しやすくなります。おすすめの駅弁やツアーなども聞いてみましょう。

実践例58

＊テーマ「生活の中の色」
＊目標　日本人が自然を愛し、感性豊かに表現してきた色を楽しみます。
＊プログラム
◎導入
写真集を使います。
①『天地風韻』（竹内敏信：著　日本芸術出版社）
〈内容紹介〉
「日本人の原風景」をテーマに作られた写真集です。美しい自然の色を見てもらい、色に興味を持っていただきます。季節に合ったページや色を主として選んだページを紹介します。

◎展開

★日本の感性豊かな色の表現

②『22の色』（とだこうしろう：作　戸田デザイン研究室）

〈クイズをしながら内容紹介〉

見開き右ページの色を見せ、何色かを質問します。左ページの答えは隠しておきます。日本の情緒豊かな色彩のとらえ方を楽しみます。

★色でわかる健康

③『色に聞けば、自分がわかる』（春田博之：著　現代書林）

〈内容の特徴と色診断〉

医師が発見した色と体の秘密を解き明かす本です。身近な色が心や体の声を代弁していて、著者は診察に色診断を取り入れています。カラーページの「あなたの好きな色は?」をわかりやすく掲示するか、印刷配布して、聞き手に好きな色を直感で選んでもらいます。選んだ色によって特徴やアドバイスがありますので紹介していきます。著者が診断の中でどのように色診断しているかを伝え、第4章の色による健康の秘訣を紹介していきます。
★色に関する物語
④『7いろのにじのものがたり』（みぞぶちまさる：絵　佐草一優：文　チャイルド本社）
〈本の特徴紹介と一部読み語り〉

七色にちなんだ短編が掲載されている絵本です。虹色には何色があるかを質問し答えてもらいます。人気のあった色や、聞き手に選んでもらった色の話を読み語ります。
◎活動
●クイズ
●色合わせ
色を隠すように並べ、同じ色になるように二枚のカードをめくります。片面の色紙を切っただけですとめくりにくいので、厚紙や段ボールに貼ることをおすすめします。

実践例59

＊テーマ「色のパワー」

＊目標　平凡な日常のアクセントとして、色での工夫が楽しめることを知ってもらい、日常生活に取り入れてもらいます。

＊プログラム

◎導入

聞き手に好きな色を聞いたり、聞き手が着ている服の色をチョイスしながら、生活には色々な色が存在し、私たちは色を選びながら生活していることを認識してもらいます。

◎展開

①『くれよんのくろくん』（なかやみわ：作　童心社）

〈あらすじ紹介〉

十色のクレヨンが自分の得意な絵を画用紙に描いていきます。が、すべてを消してしまう黒色は皆から仲間に入れてもらえません。シャープペンシルのお兄さんと考えた黒色の活かし方とは……自分の得意なことを思い出してもらいましょう。

★きれいな色

②『にじいろの　さかな』（マーカス・フィスター：作　谷川俊太郎：訳　講談社）

〈あらすじ紹介〉

きらきら光るにじうおが主人公です。周辺の魚がきらきらのうろこをほしがりますがにじうおはあげません。にじうおは海中でひとりぼっちになります。ヒトデに相談すると、賢いたこに会いに行くようすすめられます。たこはうろこをほかの魚に分け与えるように言います。自分にはきらきらうろこが最後一枚だけになっても、にじうおは皆と一緒にいることができ、しあわせであったという話です。本当にきらきら光る絵本の世界を届けます。

★色を集める

③『フレデリック』（レオ＝レオニ：作・絵　谷川俊太郎：訳　好学社）

〈あらすじ紹介〉

ねずみのフレデリックは、冬眠の準備に仲間が働いているのに、お日様の光を集めたり、色を集めたりします。冬眠でえさが少なくなった時、仲間のねずみはフレデリックに、「きみの集めたものは一体どうなったんだい」と尋ね、フレデリックは話をして皆を楽しませるという話です。色とともに話の楽しさも届けます。

★派手な色

④『ストライプ　たいへん！しまもようになっちゃった』（デヴィッド・シャノン：作　清水奈緒子：訳　セーラー出版）

〈あらすじ紹介〉

カミラ・クリームという女の子は、ほかの人の目ばかり気にしていました。リマ豆が大好きなのに、嫌いなふりをしていると体に異変が生じます。本当の自分を考える一冊です。

◎活動

●色当てクイズ

画用紙に文字で色を書きますが、答えの色と違う色で書きます。例えば「あか」という文字を緑色で書きます。聞き手には、文字に何と書いているかを尋ねます。

八　そのほかのテーマの介護のブックトーク

実践例60

＊テーマ「面白い本」

＊目標　本の特徴を活かし、聞き手と共に楽しい時間を創ります。

＊プログラム

◎導入

仕掛けのある本を紹介することを伝え、参加を促します。

◎展開

①『いっきょくいきまぁす』（長谷川義史：絵・作　ＰＨＰ研究所）

〈本の特徴とあらすじ紹介〉

司会者付きのカラオケボックスで三人家族が順番に歌っていくお話です。実際の歌詞が載っていて歌いながら進めていきます。歌い終わると点数も付くので楽しめます。童謡や歌謡曲、演歌まで幅広い選曲がされています。

★不思議

②『さわってごらん！ふしぎなふしぎなまほうの木』（クリスティ・マシソン：作　大友剛：訳　ひさかたチャイルド）

〈読み語り〉

一本の木が葉をつけ花を咲かせ、実がなり葉を散らす過程が描かれています。語りの中で聞き手に色々な指示が出るので、聞き手に指示通りの行動をとってもらいながら進めていきます。

★言葉遊び

③『へんしんクイズ』（あきやまただし：作　金の星社）

〈言葉遊び〉

はじめは読み語ります。聞き手にクイズの言葉を連呼してもらい別の言葉に変身するのを楽しみます。リズムをつくるために手拍子などを入れると変身しにくくなることがありますので工夫して導いていきます。

★滑稽話

④『ながはなの内供さま』（すずきよしはる：絵　たけざきゆうひ：文　国土社）

芥川龍之介の作品「鼻」のヒントになった「今昔物語」の巻二十八・第二十から再創造された絵本です。口まで垂れた長い鼻のお坊さんの話です。コンプレックスの鼻にどう威厳をもたせるかを考えていきます。自分のコンプレックスや、内供様の気持ちを考えながら楽しみます。

★物の使い方のアレンジ

⑤『MINIATURE　LIFE』（田中達也：作　水曜社）

〈作者・作品紹介〉

作者はミニチュア写真家で、日常の物を別の物に見立てた作品を作っています。小さい作品なので、いくつかは拡大して作品の面白さに気づいてもらいましょう。

◎活動

●各々の本でクイズや行動で参加してもらい進めていきます。

実践例61

＊テーマ「太郎の出てくる話」

＊目標　なじみ深い「太郎」の出てくる話をしながら、クイズや童謡を歌って楽しんでもらいます。

＊プログラム

◎導入

聞き手が知っている「太郎」が出てくる話を質問し書き出します。

◎展開

★太郎の話

①『金太郎』（米内穂豊：絵　千葉幹夫：文　講談社）

〈歌とあらすじ紹介〉

童謡を歌いながら、あらすじを紹介します。歌詞を用意します。

★金太郎の母親？

②『金太郎と山姥』（合津和喜子：絵　石原きくよ：文　郷土出版社）

〈あらすじ紹介〉

金太郎の母親は誰だったのかなど金太郎の謎に迫ります。

★ほかの太郎の話

③『うらしまたろう』（町田尚子：絵　山下明生：文　あかね書房）
〈歌とあらすじ紹介とクイズ〉

童謡を歌いながら、あらすじを紹介します。歌詞を用意します。浦島太郎が竜宮城で過ごした日々は実は何年だったのか、手土産のお重は何段だったのかを質問し答えを導きます。

★ほかの太郎の話
④『ももたろう』（赤羽末吉：絵　松居直：文　福音館書店）
〈歌とあらすじ紹介〉
童謡を歌いながらあらすじを紹介します。歌詞を用意します。

★懐かしい桃太郎
⑤『復刻　尋常小学校　国語読本』（文部省）
〈桃太郎の章の紹介〉
国語読本に乗っている擬人絵を届けます。

★現代版桃太郎
⑥『桃太郎が語る桃太郎』（岡本優太：絵　クゲユウジ：文　高陵社書店）
〈本の特徴紹介〉

一人称童話シリーズの一作です。あの時、桃太郎はどう思ったのかを考えていきます。

★現代版桃太郎

⑦『空からのぞいた桃太郎』（影山徹・作　岩崎書店）

〈本の特徴とあらすじ紹介〉

桃太郎を空からのぞき、桃太郎の裏の顔をあぶりだす本です。

◎活動

●童謡　歌

●クイズ

＊　＊　＊　＊

色々な介護ブックトークの組み立てを紹介してきました。同じ本が色々なプログラムで出てきますが、テーマによって焦点の当て方を変え、紹介の仕方を工夫して届けます。介護ブックトークは、たとえ同じプログラムを用意しても、一語一句まったく同じものは届けられません。なぜなら、聞き手と共に創り上げていくものだからです。一方的に語り手が発表するのではなく、聞き手の様子を観察し、対応していくことが重要です。

語り手は、プログラムの流れをしっかりと頭に入れ実践に臨みます。実践中は、メモを見ないで自分の言葉で語りかけます。メモを作るとメモに自分の関心が向き、視線も聞き手から離れると同時に、心もメモにとらわれてしまいます。メモを読んでしまうため、聞き手の心に響く活きた言葉が届けられなくなってしまいます。なのでメモは持たずに語り手も心を自由にして、語り手自身の魅力を存分に発揮しながら、聞き手の反応を楽しみます。

介護ブックトークの時間は、同じ時間と空間を共にする対等な関係の中で、長年培われてきた利用者の深い部分と出会い、互いの新たな発見を楽しみ、プログラムを介してコミュニケーションを図っていきましょう。

（執筆　吉岡 真由美）

おわりに

吉岡　真由美

介護のブックトークを通して、色々なことを学んできました。梓加依先生の導きで、再び教職に携わり、介護福祉士を目指す学生と介護のブックトークを創り、本を執筆させていただく機会をいただきました。Ｐａｒｔ１の本が出版され、読者の方から講演会や取材の依頼を受けるなど、私が考えられない世界の広がりに驚き、挑戦させていただきながら、介護のブックトークの新たな魅力に出会わせていただいております。

本の世界と読者をつなぐ、本を共有することで人と人がつながる、テーマに沿って関連本をつなげることでイメージが膨らみ、より広い世界や深い世界につながっていきます。介護のブックトークは、色々な要素が元の輝きを活かしながら、さらに新たな輝きを放たたせる魔法のようです。

これまで介護のブックトークの実践活動の場として、お世話になっている施設関係者の方々や、介護ブックトークの活動日に合わせて、通所利用日を変更してご参加くださった方や、足が痛くても、「今日は、介護のブックトークの日だから来たのよ」と頑張ってご参加くださった方もおられ、同じ時を過ごさせていただけることを有難く思っております。また、講演会の企画にご尽力いただいた方々や講演会にご参加くださった皆さん、取材のお声がけをくださった方々に感謝申し上げます。

これからも、より多くの方に介護のブックトークと出会っていただき、輝く魔法をかけ合いながら自分らしさを大切に過ごしていただければ幸いです。

出版社の皆様にも、本当にお世話になり心より感謝申し上げます。

二〇一九年十一月

執筆者紹介

梓 加依（あずさ かい）

＊児童文学、子どもの生活文化研究家・心理カウンセラー。大学で、図書館学・児童文学などを担当し、大学以外の活動として家庭裁判所の調停委員を務め、退職。現在は教員、司書、学校ボランティアなどの研修を担当し、地域で「子育て支援」活動をする。

＊子育て支援研究会「いないいないばあ」講師

＊「子どもの生活文化研究所」代表（宝塚市の子育て支援の活動をする助産師、保健師、薬剤師、栄養士などの専門職で構成する）

＊「宝塚童話の会」講師

＊著書（近年の素人社出版のみ）
『子どもたちの笑顔に出会いたい――読み聞かせとブックトーク』、『介護とブックトーク――絵本を介護現場へ届けよう』、『絵本であそぼう、このゆびとまれ！』、『おかあちゃんがほしい――原爆投下後と取り残された子どもたち』

吉岡 真由美（よしおか まゆみ）

＊介護福祉士・教員・保育士・学校図書館司書教諭の資格を持つ。福祉施設での現場経験を経て、現在、「ハーベスト医療福祉専門学校」や、そのほかの介護福祉士養成校で講師として活動中。

＊子育て支援研究会「いないいないばあ」会員

＊著書
『介護とブックトーク――介護現場に絵本を届けよう』

介護とブックトーク Part2
――グループによる介護のブックトークと資料編

2020年1月10日　初版第1刷印刷
2020年1月20日　初版第1刷発行

著　者――梓 加依／吉岡真由美
発行者――楠本耕之
発行所――素人社 Sojinsha
520-0016 大津市比叡平 3-36-21
電話　077-529-0149　ファックス　077-529-2885
郵便振替　01030-2-26669
装　丁――仁井谷伴子
組　版――鼓動社
印刷・製本――モリモト印刷株式会社

Printed in Japan
ISBN978-4-88170-325-0 C3037